LES JEUX EN FRANCE

OPINION

DE

LA PRESSE FRANÇAISE ET ÉTRANGÈRE

1ʳᵉ SÉRIE. 1871-1872

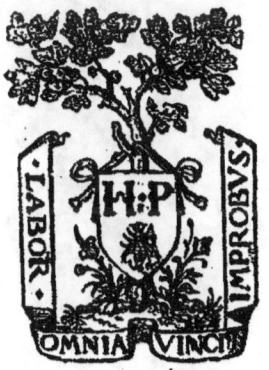

PARIS

TYPOGRAPHIE DE HENRI PLON

RUE GARANCIÈRE, 8

1872

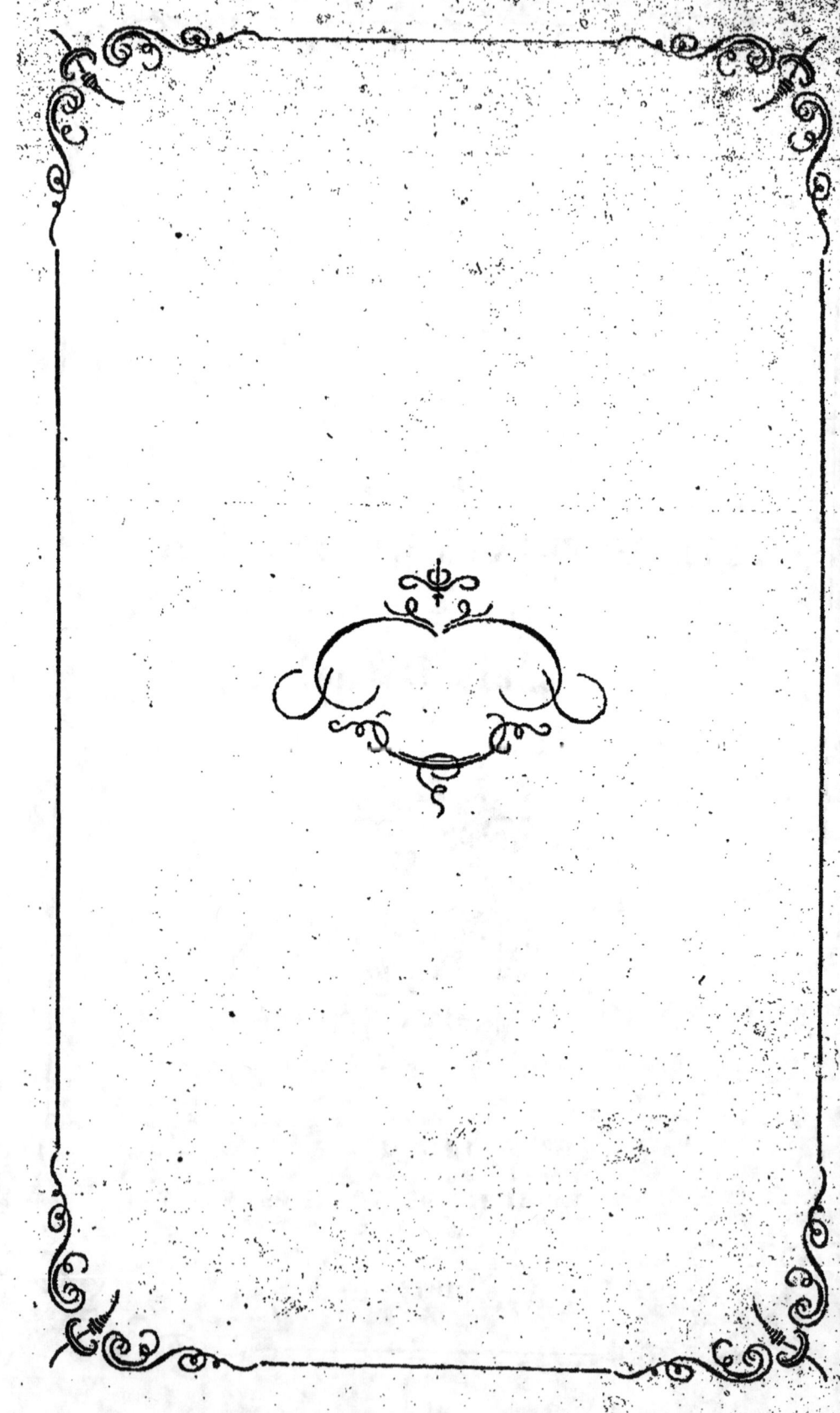

LES JEUX EN FRANCE

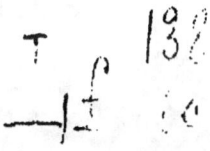

PARIS. — TYPOGRAPHIE DE HENRI PLON
8, RUE GARANCIÈRE

LES JEUX EN FRANCE

OPINION

DE

LA PRESSE FRANÇAISE ET ÉTRANGÈRE

1ʳᵉ SÉRIE. 1871-1872

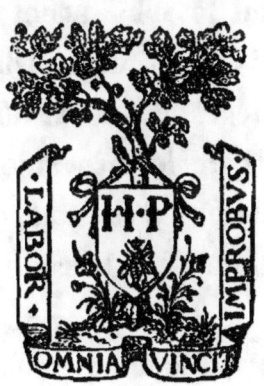

·LABOR· ·IMPROBVS· H·P OMNIA VINCIT

PARIS

TYPOGRAPHIE DE HENRI PLON
RUE GARANCIÈRE, 8

1872

PRÉFACE

Ce Recueil n'est point une œuvre de caprice ou d'intérêt.

Il a été inspiré par un sentiment qu'on pourra discuter, mais qui a pour lui d'être sincère.

Il s'agit de la dignité même de notre société et de ses mœurs.

Les moralistes peuvent condamner le jeu, et aucun d'eux n'y manque. Mais, cette condamnation de principe une fois prononcée, tous reconnaissent que le mal est inhérent à la nature humaine, et qu'à moins de changer l'homme, il faut le subir avec ses passions. Seulement il y a divers modes de satisfaire ses passions. Tel homme se dégrade, où tel autre demeure entier. Or, il est permis de le dire aujourd'hui, car l'expérience l'a suffisamment démontré : il y a deux manières de jouer, qui font de la passion du Jeu deux passions différentes.

Il y a le jeu franc, loyal, joué en public, sous l'œil de tout le monde, — et ce jeu, c'est le jeu autorisé, — celui que les législateurs français de 1836 ont si imprudemment condamné.

Il y a au contraire le jeu caché, mystérieux, qui

1

s'abrite dans l'ombre, qui fuit le contrôle et qui dégé-
nère rapidement en un vice aussi honteux que la pro-
stitution et le proxénétisme.

L'opinion publique l'a enfin compris. Elle s'est
effrayée des découvertes incessantes, quotidiennes, de
la Police fouillant les recoins de Paris et les casinos
des villes d'eaux et des bains de mer, et elle s'est
demandé où s'arrêtera cette invasion effrayante de la
débauche et du jeu clandestin !

A cette question, la presse, jusque-là trop timide ou
trop indifférente, a répondu.

C'est cette réponse qui fait l'objet du Recueil que nous
éditons.

Nous avons jugé qu'elle était trop à l'honneur du
journalisme français, pour ne pas l'arracher au souvenir éphémère de la publicité quotidienne.

Si le présent ne s'en inspire pas, l'avenir certainement l'invoquera.

Nous croyons fermement au retour en France des
jeux autorisés. Nous voudrions que, sans plus tarder,
ce retour s'opérât. Nous le voudrions comme on
souhaite l'heureux effet d'un remède sûr appliqué à un
mal douloureux.

L'opinion a dénoncé le mal ; la presse a conseillé le
remède ; à la société, maintenant, de décider si elle
veut guérir !

LES JEUX EN FRANCE

OPINION
DE LA PRESSE FRANÇAISE ET ÉTRANGÈRE

CHAPITRE PREMIER.
DE LA NÉCESSITÉ DU RÉTABLISSEMENT DES JEUX PUBLICS EN FRANCE.

Cinq mois après le vote de la loi du 18-22 juillet 1836, c'est-à-dire le 31 décembre 1836, tous les établissements de jeu directement placés sous le contrôle de l'autorité depuis plus d'une trentaine d'années tant à Paris que dans plusieurs importantes villes, Lyon, Bordeaux, Marseille, durent fermer les portes à leurs habitués. Avec eux furent aussi supprimées les loteries, toujours en vertu de la même loi, que les journaux de l'époque se hâtèrent de qualifier de « morale », sans se douter que l'avenir allait bientôt démentir leur pompeuse appréciation.

Présentée et très-passionnément appuyée par MM. Édouard de Salverte, qui en fut le promoteur,

1.

de la Rochefoucauld, Calmon, Laffitte et Leyraud, la
loi des 18-22 juillet 1836 ne fut pas seulement une des
principales causes de la démoralisation de notre malheureux pays — ainsi que nous l'établirons d'une manière irréfutable — mais elle porta encore un trouble
sensible dans les finances de l'État, car d'un seul
coup, elle diminua les ressources budgétaires d'une
somme de *huit millions* de francs environ, produit des
redevances payées, chaque année, par les Directeurs
des maisons de jeu.

Ce chiffre paraîtra peut-être contestable à première
vue; nous l'avons puisé dans les *relevés officiels*, et bien
plus, dans ces mêmes documents, nous trouvons que
de 1819 à 1837, la Restauration et la Royauté de juillet
retirèrent directement de la ferme des jeux la somme
totale de :

138,316,381 FRANCS !

En présence d'un tel résultat, considérable pour l'é-
poque, on se demande — sans oser arrêter son esprit
sur ce que les jeux auraient produit durant ces vingt
dernières années de luxe et de prospérité matérielle —
comment il a pu se trouver des hommes assez peu pratiques pour tarir une source aussi abondante de revenus, absolument nets, l'État n'ayant jamais rien dé-
boursé pour leur encaissement ?

Dans leurs déclamations furieuses contre les jeux publics, les honorables signataires de la loi de 1836, dis-

culant les raisons — excellentes à notre sens — de leurs adversaires, s'étendirent complaisamment sur « l'immoralité des jeux ».

Combien ils se sont trompés! Leurs intentions, nous nous hâtons de le reconnaître, étaient assurément très-pures; mais quelle ignorance du caractère humain! Ils ont cru couper le mal dans sa racine en supprimant les jeux publics; la passion du jeu est restée dans le cœur des hommes, et, grâce à la prohibition, cette passion n'a fait que se développer!...

Jusqu'alors, en effet, les gens aisés s'étaient seuls aventurés dans les maisons de jeux autorisées; mais aussitôt après leur fermeture, tandis que les joueurs de profession allaient à l'étranger, les étudiants, les employés, les ouvriers commencèrent à organiser un peu partout, principalement à Paris, ces tripots si justement appelés « *enfers* ». — Éternelle histoire du fruit défendu!

Mais avant de parler des bouges de Paris et de la province, substitués aux maisons de jeux, examinons quelles furent les conséquences déplorables, au point de vue financier, de la loi Salverte, qui avait la prétention de régénérer la France.

On a vu plus haut à combien de millions s'éleva, pour le gouvernement, la perception sur les maisons de jeux. — Voici maintenant avec preuves à l'appui, l'argent que la France a perdu depuis trente-cinq ans, et dont ont profité presque exclusivement nos voisins les Allemands.

On devine que ce fut avec joie que les directeurs des stations balnéaires allemandes apprirent, en 1836, que le gouvernement français venait de proscrire les jeux. Aussitôt, avec cet esprit pratique qui les caractérise, ces industriels organisèrent, dans les principales villes d'eaux, Baden, Hombourg, Wiesbaden, etc., etc., des casinos dans lesquels furent installés, avec la permission des autorités, la *Roulette* et le *Trente-et-Quarante*.

Le succès qu'obtinrent auprès de l'aristocratie de tous les pays les villes d'eaux privilégiées, fut prodigieux. On s'y rendit de tous les coins du globe. — Les Empereurs, les Rois, les Princes s'y donnèrent eux-mêmes rendez-vous. La vogue leur fut acquise, — pendant que les villes d'eaux de France, beaucoup plus belles et plus salutaires peut-être que les villes d'eaux d'outre-Rhin, devenaient, à chaque saison, plus désertes et plus tristes.

Quelles sommes ont été encaissées par les Allemands depuis la fermeture des maisons de jeu en France jusqu'à l'année 1870, c'est chose impossible à dire. Rigoureusement on ne peut guère se livrer qu'à des évaluations; mais en demeurant dans des limites raisonnables, on n'exagère pas en inscrivant le chiffre de :

DEUX MILLIARDS CINQ CENT MILLIONS!!!

Oui, deux milliards et demi seraient entrés en France, eussent été versés au Trésor public, sans compter les dettes municipales des villes d'eaux payées et les habitants à vingt lieues à la ronde suffisamment enrichis.

Voilà, au point de vue financier, quel a été le résultat de la loi de 1836!

Si l'on examine maintenant les conséquences de la loi Salverte au point de vue moral, on trouve que, s'il est un pays où le vieux dicton: « *Ce qui est défendu est permis* » est vrai, — c'est en France.

Dès que les maisons de jeu furent fermées au nom de la *morale*, les joueurs ne se sentant plus retenus par l'autorité qui seule avait pu, jusqu'alors, mettre un frein à leur passion soit en les empêchant de jouer sur parole, ce qui les eût conduits à la ruine, soit en les obligeant à ne mettre aux enjeux qu'une certaine somme, les joueurs, disons-nous, se répandirent bientôt dans les cafés de Paris, dans les salles les plus reculées, où ils ne tardèrent pas à organiser des tables de jeux. Peu à peu, le goût se développant par suite de l'absence d'une surveillance facile, non-seulement toutes les grandes villes, mais encore les bourgades les plus éloignées tinrent à l'honneur d'avoir leur *Cercle*. Car c'est de 1837 que datent les Cercles où l'on joue, lesquels, fatalement, devaient engendrer les tripots où l'on vole. Le gouvernement ne put longtemps se faire illusion à ce sujet: lui qui venait, à la tribune, de condamner les

jeux, s'était empressé de ..... monopoliser la vente des
cartes; et, par les énormes bénéfices qu'il en retirait,
il lui fut permis de juger de la progression constante
du nombre des joueurs !

Toutefois, jusqu'à la fin du régime de 1830, le goût
du jeu ne s'étendit pas d'une manière aussi générale
que plus tard. On ne joua même d'abord avec un peu
de passion que pour « donner une leçon au pouvoir »,
comme l'on disait dans ce temps-là; mais tout changea,
dès les premières années du développement de la prospérité matérielle. Avec la fortune publique se déve-
loppa la fortune privée.

Les loteries, qui avaient été supprimées en même
temps que les jeux, reparurent sous les noms les plus
divers, et leurs promoteurs éludèrent très-habilement la
loi en leur donnant un but purement philanthropique.
L'Exposition de 1856 imprima un très-grand élan au jeu
ainsi qu'aux loteries, dont nous retrouvons des traces
jusqu'à la Bourse même, sous forme de *primes*.

L'élan une fois pris, les joueurs n'eurent plus qu'à
aller de l'avant; c'est ce qu'ils firent avec une impé-
tuosité vraiment extraordinaire. En effet, non-seulement les joueurs riches allèrent jeter sur les tapis verts
des villes d'eaux allemandes leurs billets de banque,
mais les joueurs pauvres montèrent avec un soin tout
particulier des parties de jeux clandestines, qui ne
tardèrent pas à devenir tripots entre les mains de grecs
et de filles.

Il n'y avait rien à dire contre les joueurs opulents qui dépensaient à leur façon leurs économies. On ne pouvait s'opposer à ce qu'un homme consacrât à ses plaisirs les revenus que d'autres consacraient à un meilleur emploi. Mais il n'en était pas de même des joueurs pauvres qui, pour satisfaire leur passion, ne reculèrent pas devant l'infraction aux lois.

La police, qui a un œil et une oreille partout, entendant prononcer le nom de « tripot », mit en campagne ses plus fins limiers, lesquels ne tardèrent pas à en découvrir bientôt, particulièrement au Quartier Latin.

Ces agents se mirent alors à parcourir, de nuit, Paris en tous sens, et, chose vraiment triste à dire, il ne se passa pas de mois qu'ils n'eussent à faire une descente dans un de ces bouges, hantés par les escrocs les plus dangereux et les filous les plus habiles.

Une parenthèse, avant de continuer ! Il y a deux sortes de tripots : ceux de la rive gauche et ceux de la rive droite.

Les premiers, dans lesquels quelques grecs sont parvenus à se faufiler, malgré les précautions prises par leurs propriétaires, n'ont, en général, pour habitués que des étudiants, des employés et des ouvriers.

Les seconds, fréquentés par des personnages consi-

dérables, sont plus particulièrement l'objet des atten-
tions de la police, à cause des voleurs très-distingués et
d'une habileté prodigieuse qui s'y donnent rendez-vous.
Le nombre des victimes de ces repaires est incalcu-
lable.

Avec les maisons de jeux publics, ces vols étaient
impossibles. Jusqu'en 1869, les préoccupations politiques l'emportèrent sur toutes les autres questions,
quelque importantes qu'elles fussent. C'est assez dire
que malgré le nombre considérable de tripots découverts chaque mois de cette année, la presse se contenta
de les mentionner sous la rubrique *Faits divers*, sans
en faire ressortir toute l'immoralité.

Pourtant, dans les premiers mois de 1870, devant
le nombre toujours croissant de descentes de police,
la presse s'émut un peu, et donna à entendre, pour la
première fois depuis trente ans, qu'il serait beaucoup
plus sage de rouvrir les maisons de jeu que de laisser
s'accroître cette lèpre des tripots, auxquels presque
toujours était adjoint un débit de liqueurs de contrebande.

Malheureusement la guerre survint, horrible, épouvantable, traînant derrière elle l'invasion. . . .

On comprend que, devant les malheurs de la patrie,
les

TROIS MILLE TRIPOTS

qui infestaient Paris durent forcément fermer leurs
portes!

Que devinrent les grecs et les autres joueurs, pendant le siége de la capitale et l'invasion? C'est ce que nous ignorons absolument, mais, à coup sûr, ils ne furent pas soldats; ce que nous savons, c'est que, quatre mois à peine après l'armistice, les tripots rouvraient leurs portes, et les joueurs s'y précipitaient avec une sorte de frénésie.

La police, qui n'ignorait pas que les établissements interlopes s'empresseraient d'attirer à eux les étrangers venus à Paris pour en visiter les ruines, ne put, tout d'abord, s'occuper d'eux d'une manière active; mais, dès qu'elle eut pacifié Paris et assuré la tranquillité, la Préfecture, qui sait très-bien tout le mal que font les tripots, et parfaitement déterminée à les poursuivre par tous les moyens possibles et sous quelque forme qu'ils essayeraient de se dissimuler, forma une brigade d'agents de la sûreté, spécialement délégués à la surveillance des cafés. Dans beaucoup de ces établissements, en effet, on joue fort gros jeu, et les escrocs s'y donnent rendez-vous pour voler les naïfs, toujours très-nombreux.

A partir du jour ou plutôt du soir où commença à fonctionner ce service nouveau, les journaux ne furent plus remplis que des récits les plus extraordinaires, les plus fantastiques, de descentes de police dans les maisons de jeu clandestines.

A l'appui de ce que nous avançons, voici, à peu près complète, la liste des tripots découverts par la police pendant les mois de décembre 1871 et janvier 1872.

UNE MAISON DE JEU.

Une descente de police vient d'avoir lieu dans une maison de jeu clandestine, située dans l'impasse Béranger, à l'extrémité des Batignolles, sur un terrain vague dans lequel est jeté un amas de constructions en bois avec escaliers extérieurs ressemblant à de sordides chalets. Peu fréquenté pendant le jour, cet endroit est le soir complétement désert, et aucun bruit n'y révèle la vie sociale.

MM. Bérillon, commissaire de police, et Fontaine, officier de paix, spécialement chargés de l'attribution des jeux, accompagnés d'un nombre convenable d'agents, ont procédé dans la nuit à l'opération.

Détrempé par la pluie, le terrain environnant les chalets formait une sorte de cloaque dans lequel on enfonçait jusqu'aux genoux.

Les officiers de police s'en tirèrent non sans difficulté, et, ayant déjoué les mesures de surveillance prises par les joueurs, envahirent la maison.

Il y avait là une chambre secrète, suspendue comme un décor d'opéra, et à laquelle donnaient accès des ponts de bois tournant sur eux-mêmes, de manière à intercepter au besoin toute communication et à ne laisser autour de la salle de jeu que le vide.

Mais l'irruption de la police fut si prompte qu'on n'eut pas le temps de faire jouer le mécanisme; elle pénétra subitement au milieu des joueurs terrifiés.

Dans cet immense taudis on trouva des jeunes gens

de très-bonne famille que le *gold-fever* mettait en contact avec l'écume des lupanars et des tapis-francs. Ils étaient la proie facile de grecs et de joueurs de profession. L'un d'eux, en deux ou trois séances, avait perdu 11,000 francs; un autre, quand le commissaire de police est entré, venait de perdre 1,800 francs.

Les parties ne s'arrêtaient ni jour ni nuit. On a découvert un local contenant un stock de provisions, conserves et biscuits, comme dans un navire en mer. Isolés du monde, les joueurs ne quittaient pas le tapis vert, et quand les estomacs criaient trop fort, ils les apaisaient en avalant à la hâte quelques aliments.

Un nombre considérable de jeux pipés ont été ramassés. On a saisi les enjeux, le mobilier, et opéré trois arrestations parmi lesquelles celle du directeur du tripot. (*Le Temps.*)

DESCENTE DE POLICE DANS UNE MAISON DE JEU.

Depuis quelque temps la préfecture de police surveillait une maison de la rue des Bernardins, derrière la place Maubert, qui lui avait été signalée comme étant le siége d'un tripot.

On savait de plus que ce tripot, organisé par un ancien garçon de café, était fréquenté par des jeunes gens, tous des meilleures familles ; on y jouait gros jeu et l'on y était, une fois décavé, rançonné odieusement par le maître de la maison.

Nombre de ces joueurs avaient été depuis longtemps traqués par le service des jeux, qui les avait pourchassés de divers établissements publics, où il ne leur était plus possible de se réunir sans qu'en plein rendez-vous tombât cette tuile : la police !

Aussi le nommé G... organisa-t-il, rue des Bernardins, n°..., une véritable maison de jeu, au premier étage, sur la cour, calfeutrant l'appartement, qu'il avait confortablement meublé.

Avec une audace de résolution très-accentuée, le nommé G... avait comme mis au défi l'administration, et il s'était entouré de précautions qui semblaient devoir dérouter les investigations.

Comme ses joueurs étaient tous des jeunes gens bien élevés, il avait calmé leurs craintes et supprimé toutes appréhensions en déclarant que *la police même était dans son jeu*, qu'il l'avait désintéressée en *l'achetant*.

Piquée au jeu, la police entreprit un siége en règle.

Enfin, la poire étant mûre, la descente rue des Bernardins fut décidée.

A onze heures du soir, MM. Bérillon, commissaire de police de l'attribution des jeux, et Fontaine, officier de paix du même service, avaient organisé leur affaire.

Mais jusqu'à une heure et demie du matin, ils durent manœuvrer pour tomber sûrement au milieu des délinquants et constater un flagrant délit.

A cette heure donc on sonna rue des Bernardins : le concierge, qui parut s'éveiller, voulut exploiter une apparence d'ahurissement pour se jeter hors de sa loge et aller évidemment prévenir les joueurs.

— Halte-là ! dit un agent qui se plaça en travers de la porte; c'est moi qui tire le cordon ici.

En même temps, il donnait le *mot de passe* à MM. Bérillon et Fontaine, qui, plaçant leurs hommes sous chaque fenêtre, à chaque issue, montèrent au premier, accompagnés de quelques agents.

Grâce au fameux mot d'ordre, la porte du tripot s'ouvrit sans difficulté; mais à la vue du magistrat, il y eut dans les salons un grand trouble et l'on cria : « La police ! Voilà la police ! »

Les fonctionnaires de la préfecture s'étaient déjà jetés dans le principal salon, où ils surprenaient tous les joueurs, les cartes, les mises, *de l'or,* des billets.

On taillait précisément un assez joli baccarat.

L'émoi fut très-grand, et suivi aussitôt d'une prostration universelle, d'un caractère d'autant plus poignant que les joueurs voyaient leurs noms, tous des plus honorables, les noms de leurs familles compromis.

On avait d'abord tenté la fuite, et, découvrant un ou deux agents à chaque fenêtre, solidement tendue d'épais rideaux cloués au mur, on était retombé sur ses siéges.

M. Bérillon s'empara des enjeux, des cartes, et fit la saisie immédiate du mobilier, et pendant que les agents procédaient à son déménagement et à son transport à la préfecture, il fut procédé à l'enquête et à l'interrogatoire. Le maître du tripot, le nommé G..., mis en état d'arrestation, saignait deux fois ses naïfs : à côté du salon de jeu existait un autre salon, splendidement éclairé, dit *salon des distractions....*

Là les cartes étaient *illustrées* et leur transparence surexcitait l'imagination des joueurs, qui, au besoin, trouvaient des filles sous la main.

Le n° 5 profitait du désespoir des décavés et de leur surexcitation pour se présenter alors devant eux une plume et un encrier d'une main, et des billets à ordre tout préparés, signature en blanc, de l'autre ; chaque billet portait l'engagement pris par le joueur qui le signait de payer à très-gros intérêts une somme quelconque, que le misérable maître du tripot prêtait pour venir en aide.... à sa banque !

L'interrogatoire des joueurs a duré toute la nuit : docteurs en droit, médecins, fonctionnaires d'administrations du gouvernement, journalistes, toutes les classes libérales étaient représentées dans ce bouge.

L'un des joueurs, un frénétique, faisait au commissaire ce douloureux aveu : « C'est encore moi ! c'est plus fort que ma volonté ! Et dire qu'en ce moment j'ai ma femme et un enfant malades ! »

L'interrogatoire terminé, les joueurs ont été relâchés, moins cependant le maître du tripot, qui aura à rendre compte de ses excitations criminelles devant la justice. (*Le Gaulois.*)

UN TRIPOT.

Une nouvelle descente de police vient d'être opérée par M. Bérillon dans une maison de la rue des Acacias, à Montmartre. Le tripot était tenu par un nommé Laurenty, ancien marchand de chevaux, et sa maîtresse, la fille Marguerite Servant. Au moment de l'arrivée de la police, il y avait sur la table 925 francs d'enjeux, en argent et en billets. Il va sans dire qu'ils ont été saisis par le commissaire de police, ainsi que le mobilier. La maison tenue par Laurenty et la fille Servant était *officiellement* une table d'hôte... peut-être celle où M. Victorien Sardou a pris ses types de *Fernande.* On a arrêté Laurenty. (*La Liberté.*)

ASSAUT D'UNE MAISON DE JEU.

Si les constitutions sont faites pour·être.... violées, les leçons données aux joueurs sont comme des airs de guitare qu'on écoute et qu'on oublie! Depuis assez longtemps M. le préfet de police avait vu son attention attirée sur un joueur effréné, un type de tripot incorrigible.

Le nommé P..., ancien garçon de salle, déjà condamné à six mois de prison pour exploitation d'un tripot, parcourait les établissements publics, les cafés, les restaurants, y levant et y racolant des jeunes gens d'excellentes familles chez lesquels il avait reconnu quelques dispositions pour la roulette ou le baccarat.

La Préfecture surveillait de près ses menées, sans avoir pu constater *flagrante delicto* ses délits et le résultat déplorable de ses manœuvres.

Enfin, les renseignements paraissant avoir ouvert une bonne piste, le préfet de police délivra un mandat de perquisition contre P..., domicilié rue Aubry-le-Boucher, et il chargea de son exécution immédiate M. Bérillon, commissaire de police de l'attribution des jeux, que devait assister l'officier de paix du même service, M. Fontaine.

Dans la nuit, M. le commissaire de police Bérillon, accompagné de M. l'officier de paix Fontaine et soutenu par un nombre imposant d'agents, alla cerner la maison signalée.

La maison où le nommé P..., exerce son industrie interlope rue Aubry-le-Boucher est vieille et sale.

Après avoir pris toutes les mesures de sûreté exigibles en pareille circonstance, le commissaire de police s'engage dans une allée sombre, puante, d'une apparence des plus sordides et qui mène à un escalier tortueux où une personne seule peut passer.

Arrivé au second étage, on se trouve en face d'une porte pleine très-épaisse, derrière laquelle on entend un bourdonnement confus.

Il n'y avait aucun mot de passe à employer, puisque la maison n'a pas de concierge, et la porte était si solide qu'on ne devait pas compter sur les intelligences d'une place si bien défendue.

Il fallut donc assiéger, enfoncer cette entrée et agir de force plus que de ruse.

La porte démolie, M. le commissaire de police se précipite vivement dans une pièce du fond de l'appartement. Les joueurs, au nombre de vingt-cinq, étaient si passionnés et si perdus dans leur partie qu'ils ne s'aperçurent qu'ils étaient surpris qu'à la vue de la ceinture tricolore.

La saisie fut opérée sur-le-champ, et l'interrogatoire des joueurs y fit découvrir des avocats, des officiers, des courtiers en marchandises roulant sur des millions, des comptables, des fils de nobles familles et des ouvriers.

Indépendamment de ces messieurs, M. le commissaire de police reconnut plusieurs grecs émérites dont l'adresse et les cartes biseautées aidaient à dépouiller et à tondre tant de naïves et d'innocentes victimes! La

2.

veille, un ouvrier charpentier retrouvé dans ce tripot
y avait perdu 4,000 francs; c'étaient des économies
qu'il destinait à servir de première mise de fonds pour
un établissement de maître charpentier.

Un jeune homme, porteur d'un de nos plus beaux
noms historiques, avait tenu toute la nuit contre deux
grecs qui l'avaient plumé le mieux du monde.

Le nommé P... fut maintenu en état d'arrestation,
ainsi que les grecs ses compères; les joueurs furent
rendus à la liberté après une sage et paternelle admo-
nition. (*Le Gaulois.*)

LES JEUX A MARSEILLE.

Des troubles ont éclaté aux Martigues, à l'occasion
de la mise à exécution de l'arrêté du Préfet sur la fermeture des cafés et des jeux.

Le commissaire de police, M. Riguet, a failli payer
de la vie son dévouement à la cause de l'ordre: la foule
s'est ruée sur lui avec des menaces de mort et a essayé
de l'entraîner pour le jeter à l'eau. La gendarmerie,
par l'énergie de son attitude, a eu raison des meneurs,
et M. Riguet a pu regagner son domicile et échapper
au sort que lui réservait une populace furieuse. (*Journal
de Marseille.*)

UN TRIPOT CLANDESTIN.

M. Bérillon vient d'opérer la nouvelle saisie d'un tripot clandestin tenu par le sieur Em..., demeurant rue Gay-Lussac.

Il y trouva une vingtaine de jeunes gens jouant avec acharnement. Ils n'étaient pas, comme dans les autres tripots, réunis autour d'un tapis vert, mais des tables étaient disposées séparément, en sorte que les joueurs paraissaient être des consommateurs faisant une innocente partie.

Le maître de l'établissement, Em..., veillait aux consommations, qu'il vendait, ainsi que les cartes, un prix exagéré. Comme on était toujours sur le qui-vive et que l'on redoutait la police, il fallait payer d'avance, et un écriteau avertissait les consommateurs de cette obligation. Quoiqu'on s'attendît à quelque visite de police, sa brusque apparition causa une émotion telle, qu'une femme qui se trouvait dans la salle fut tout à coup prise d'attaques de nerfs et brisa les carafes, les verres et tout ce qui se trouvait à sa portée.

On a saisi les enjeux, les jetons, les cartes, et l'on a trouvé dans un des recoins de la salle *une portée* contenant une série de gabattages successifs. On jouait le baccarat.

Em... a été mis à la disposition de la justice. (*La Liberté.*)

————

UN TRIPOT EN CHEMIN DE FER.

Un fait sans précédent dans les annales du monde des grecs et des joueurs vient de se produire dans les circonstances suivantes : il s'agit d'un tripot organisé en chemin de fer.

Un négociant, M. X..., partant de Paris pour se rendre à Marseille, porteur d'une somme importante, prit place dans un compartiment de première classe. Aussitôt après lui montèrent sept personnages qui occupèrent les sept autres places. Parmi eux était une jeune et élégante femme.

Le train roulant, et tandis que ses compagnons causaient avec animation des affaires du jour, M. X... resta sans mot dire, blotti dans son coin ; mais la conversation qu'il entendit le convainquit qu'il était en compagnie de gens de la meilleure société. On appelait l'un le colonel, l'autre M. le comte, madame la comtesse, etc.

La conversation s'éteignit ; on allait arriver à la station de Laroche.

« Nous voilà plongés dans nos réflexions, dit le colonel, et nous avons le temps d'en faire avant d'arriver à Marseille.

— Si nous avions le moindre petit jeu, fût-ce un loto, nous jouerions une partie ; cela nous distrairait », dit la belle dame.

Le train s'arrêta.

« Une idée ! » s'écria celui qu'on appelait le comte.

Et, ouvrant la portière, il descendit, et on le vit entrer au buffet. Il revint bientôt, et, d'un air joyeux ajouta :

« J'ai notre affaire. Il n'y avait au buffet que deux jeux de cartes; je les ai achetés. Les voici. »

Le train repartit, et, quelques instants après, des parties s'engageaient entre les sept individus, qui n'étaient autres que des grecs; l'or circula et le jeu devint joyeux et animé.

Le négociant s'ennuyait d'autant plus que les autres s'amusaient; il ne put résister à la tentation.

« Messieurs, hasarda-t-il, vous seriez bien gracieux de m'admettre à votre partie. Je suis M. X..., négociant à Marseille. »

C'est là qu'on l'attendait. Lorsque le train arriva à Lyon, il perdait une somme importante. Ses compagnons descendirent, sous le prétexte de prendre l'air; préoccupé de sa perte, le négociant resta dans son coin, où il demeura seul jusqu'à destination, car il ne revit plus ses aimables joueurs.

Quelques jours après, convaincu, après mûres réflexions, qu'il avait été volé, il revint à Paris, où il supposait que les fripons étaient rentrés, ayant l'intention de les signaler à la police. Le hasard l'a servi à souhait.

Passant boulevard de Sébastopol, il se trouva face à face avec le prétendu colonel. Sans hésiter, il lui sauta au collet; l'appréhendé résista, des gardiens de la paix intervinrent et conduisirent les deux lutteurs devant le commissaire de police.

Par suite de l'information motivée par la plainte de

M. X..., le service de sûreté a capturé la femme et trois autres des complices du prétendu colonel; les deux autres n'ont pu être retrouvés : on est à peu près certain qu'ils sont en Belgique. Au domicile des cinq arrêtés qui ont été livrés à la justice, on a saisi des cartes biseautées, des bijoux divers et environ 2,000 fr. en or et en billets de banque. (*Opinion nationale.*)

AU QUARTIER LATIN.

Malgré les poursuites exercées contre les établissements de jeux clandestins, il y a des gens qui, alléchés par l'appât du gain, ne se laissent point décourager.

Informée qu'un tripot était organisé chez M. T..., brasseur, rue de la Harpe, la police prit ses mesures de manière à surprendre les joueurs en contravention.

Par conséquent, la descente, fixée à une heure du matin, devait être opérée sans donner l'éveil. Le tripot se tenait au premier étage. Les fenêtres étaient garnies de rideaux de damas et les interstices calfeutrés avec des chiffons. Des agents déguisés en bourgeois et paraissant être des habitués, montèrent l'escalier tournant conduisant au premier.

En entrant dans la salle de jeu, ils virent une quinzaine de personnes autour d'une table. On jouait au baccarat. L'attention était tellement absorbée qu'il s'écoula quelques secondes avant qu'on s'aperçût de la présence des agents.

La stupéfaction fut générale. Les enjeux furent saisis, et chacun des joueurs, pour la plupart des fils de famille, fut interrogé. Un homme de lettres s'y trouvait. Il prétendit qu'il n'était venu que pour étudier la physionomie d'un tripot, afin d'en faire une scène émouvante d'un roman en composition. Ce romancier aurait été servi au delà de son espérance; car, outre le fruit de ses observations, il a pu juger par lui-même de l'impression qu'on éprouve à la vue des agents de l'autorité.

Faute d'aération, l'atmosphère de la salle, éclairée au pétrole, était infecte.

Les bénéfices réalisés par le chef de l'établissement consistaient dans un prélèvement de 50 centimes sur 2 francs de gain; de sorte qu'il se faisait de 130 à 150 francs par soirée.

M. T... et son beau-frère, chargé spécialement de tenir le jeu, ont été arrêtés; les contrevenants en ont été quittes pour décliner leurs noms. (*Siècle.*)

LA COUR DU MAI, AU PALAIS DE JUSTICE.

On ne saurait se faire une idée, sans l'avoir vue, de l'aspect étrangement pittoresque que présente en ce moment la cour du Mai, au Palais de Justice. De tous côtés on ne voit que tables de diverses sortes, chaises, fauteuils, canapés, tapis, pendules, buvettes remplies de liqueurs, flambeaux, candélabres, cartes à jouer, que sais-je?... On se croirait dans un magasin de bric-à-brac, ou dans une salle de l'hôtel Drouot, un jour de vente.

Tous ces objets mobiliers proviennent des saisies faites en ces derniers mois dans plusieurs tripots clandestins. On les a déposés là provisoirement. Plus tard, ils serviront de pièces de conviction, — quelques-uns, du moins, — et seront vendus ensuite aux enchères au profit du Trésor.

En attendant, ils encombrent la cour du Mai, et celui qui passe là, sans être au courant de la provenance de tant d'objets, est très-intrigué par cet amas de bibelots. (*Liberté.*)

———

De son côté, la province n'était pas restée en arrière de Paris et se livrait, elle aussi, avec passion au baccarat, au lansquenet et à la bouillotte.

Pendant un moment, l'acharnement à jouer fut si

grand que, le 22 décembre 1871, le Ministre de l'Intérieur envoya aux préfets une circulaire relative aux
jeux dans les cafés et ailleurs, « leur ordonnant de
» surveiller attentivement les Cercles et les cafés, et
» de prononcer immédiatement la fermeture des uns
» et des autres, si les règlements les régissant ne sont
» pas observés strictement par ceux qui en ont la res-
» ponsabilité. »

En terminant, le Ministre de l'Intérieur disait : « Il
» résulte non-seulement des rapports de la Préfecture
» de police de Paris, mais encore des rapports de po-
» lice des départements, que le goût du jeu se répand
» en France dans des proportions effrayantes. »

Devant cette avalanche de découvertes de maisons
de jeu clandestines, l'opinion publique, et avec elle la
presse, s'émut profondément; surtout quand on apprit
que des jeunes gens appartenant aux meilleures familles
de Paris s'étaient suicidés à la suite de pertes considérables subies, dans des tripots... infimes.

« *Un remède à ce mal?* » tel était, tel est encore le
cri général, car, aujourd'hui comme hier, comme
avant-hier, on découvre encore des tripots! — Le remède...? — Il n'y en a qu'un : « C'est le rétablissement des jeux publics en France! » a-t-on répondu
tout d'une voix.

Et, en effet, il est démontré maintenant que, du
jour où les jeux seront rétablis, les cafés où l'on joue

ainsi que les tripots disparaîtront presque immédiatement, les joueurs sérieux qui les alimentent n'y mettant plus les pieds, sûrs qu'ailleurs ils ne seront pas volés.

Il est démontré également que, pour nos Villes d'eaux Françaises, le rétablissement des jeux deviendrait une source de revenus importants.

La presse, la première, a attaché le grelot, et poussé fortement l'opinion publique vers ce qui est pour nous le vrai moyen d'acquitter la dette de la France :

LE RÉTABLISSEMENT DES JEUX,

et, par suite, la suppression complète des tripots.

Du reste, voici, pris un peu partout, des articles de journaux qui prouvent combien il serait patriotique d'adopter cette mesure que tout le monde réclame.

CHAPITRE DEUXIÈME.

LA PRESSE FRANÇAISE ET ÉTRANGÈRE.

LE GAULOIS.

LES MAISONS DE JEU.

J'ai toujours été de cette opinion que le meilleur, le plus sûr, le plus intelligent moyen de se venger d'un ennemi était de faire son profit de toutes les fautes qu'il commet, et de les changer pour soi-même en avantages.

Il se présente pour la France une occasion unique, inespérée, de tirer de la Prusse une vengeance éclatante, sans brûler une amorce, sans recommencer à faire couler des flots de sang, à incendier des villes, à détruire des moissons sur pied, des ponts et des gares de chemins de fer, sans faire enfin de mal à personne.

Mais il faut le vouloir, mettre un sot préjugé sous nos pieds, nous moquer du qu'en dira-t-on, et, sans conspirer contre M. Barthélemy Saint-Hilaire ni contre personne, adopter courageusement la devise de tous les conspirateurs :

« La fin justifie les moyens. »

Nous avons vécu jusqu'à présent dans cette fausse idée que l'Allemagne était une contrée éminemment

pittoresque et remplie de sources d'eaux minérales qui
guérissaient toutes les maladies. C'est une erreur.

Dans toute l'Allemagne, y compris les montagnes de
la Forêt-Noire et de la Thuringe, et les bords du Rhin
si vantés, il n'y a pas un coin de terre qui vaille,
comme pittoresque et comme beauté, les montagnes
de l'Auvergne, les rives de la Loire et de la Seine.
Quant aux eaux d'Allemagne, elles n'existent que dans
les guides, ne guérissent de rien, et j'ose croire que ce
sont les pharmaciens qui les fabriquent, sous la terre.

Si l'Allemagne attire chaque année chez elle des
milliers de riches étrangers qui l'enrichissent, ce n'est
donc pas à cause de la beauté de ses montagnes, ni de
la bonté de ses eaux, ni même à cause du charme de
ses femmes, qui sont généralement maussades et laides.
C'est simplement que l'Allemagne est une immense
maison de jeu; que toutes ses villes d'eaux sont, en
réalité, des villes de trente-et-quarante.

Récapitulez avec moi : Aix-la-Chapelle, Baden-
Baden, Nauheim, Hombourg, Wiesbaden, Ems; telles
sont les principales localités où chaque année la foule
se porte.

Avez-vous jamais entendu dire qu'un malade eût été
guéri, même de la migraine ou d'un mal de dents, par
la vertu de leurs eaux? Les eaux de Wiesbaden! Avouez
que cela fait rire.

Eh bien, c'est grâce à la roulette et au trente-et-
quarante que l'Allemagne a pu se couvrir d'un réseau
de chemins de fer, créer une foule de villes charmantes
avec des promenades, des serres, des parcs; construire

des écoles, des hospices, des casernes, et, finalement, nous battre.

Aujourd'hui, l'Allemagne qui se fatigue d'être heureuse et de réussir en toutes choses, abandonnant, pour complaire à l'hypocrisie protestante, la sage voie qui l'a conduite à la prospérité, a décidé de fermer ses maisons de jeu. A la fin de cette année il n'y en aura plus une seule dans toute l'étendue des États unifiés par le roi Guillaume. Vous pensez bien qu'il va falloir terriblement en rabattre sur le compte des étrangers. Lorsque Hombourg et Baden-Baden n'auront plus pour les attirer que le pittoresque de leurs campagnes, les beautés de leurs filles et la vertu de leurs eaux, ces jolies villes, si gâtées, n'en verront, par année, pas plus de quatre. L'herbe va croître sur les dalles de marbre des casinos, des milliers de musiciens vont mourir de faim, les hôtels et les restaurants fermeront par centaines, et les appartements, qui se louent si cher, ne seront plus habités que par les puces, les souris et les hirondelles. L'Allemagne l'aura voulu. Elle n'aura pas le droit de se plaindre. . . . .

Mes chers concitoyens, voilà une occasion superbe. Elle n'est pas chauve, dépêchons-nous de la saisir par les cheveux. Il suffit d'une loi votée par l'Assemblée, siégeant où elle voudra, même à Brives-la-Gaillarde, — si toutefois elle trouve cette localité suffisamment éloignée de Paris, — et déclarant tout simplement que « les jeux sont rétablis pour toute la France. » Cela n'a l'air de rien, et c'est énorme. Le salut du pays est là.

Réfléchissons à l'innombrable quantité de stations

balnéaires qu'on rencontre dans notre pays. Toutes les côtes de l'Océan, depuis Boulogne jusqu'à Biarritz, en passant par Dieppe, le Havre, Trouville, Deauville, Pornic, le Croisic, Arcachon, en sont pleines. Les rives de la Méditerranée, depuis Port-Vendres jusqu'à Nice, en passant par Cannes, Hyères, Marseille, n'en manquent pas non plus. La chaîne des Pyrénées tout entière, celle des Alpes, de l'Auvergne, comptent autant de sources bienfaisantes que de rochers. Une fois en possession de la Loi, le gouvernement n'aura plus qu'à accorder les autorisations nécessaires aux compagnies fermières qui se présenteront, en ayant soin de leur imposer les charges nécessaires pour remplir nos caisses à sec.

J'entends d'ici, en écrivant, les jérémiades de protestation de l'Hypocrisie, cette reine dépenaillée de nos horribles temps modernes.

— C'est une horreur! s'écrie la vieille guenippe, toute puante encore des baisers qu'elle a reçus des braves de la Commune. Quelle immoralité! Vous voulez rétablir les jeux! Comme je n'ai peur ni des grands mots, ni des idées reçues, je réponds à l'Hypocrisie :

— Vieille gueuse, affreuse citoyenne, à qui mon pays doit tous ses malheurs, ...
. . . .
je te connais, je ne suis pas ta dupe; tu n'en imposeras ici ni à moi ni à mes lecteurs. Tu le sais bien, souillon infecte, je ne veux point rétablir les jeux. Je veux les régulariser et les moraliser. Ce n'est pas du tout la même chose.

Les jeux existent en France, ils n'ont jamais cessé

d'exister. Seulement ils ne rapportent pas un sou à l'Etat, et ils ne favorisent que les fripons. Là est l'immoralité, là est le mal.

Qu'est-ce que les Bourses de Paris, de Bordeaux, de Lyon, de Marseille?

D'immenses tripots, de colossales maisons de jeu.

Les honnêtes gens y payent leurs *différences;* les fripons, qui y sont en majorité, ne payent pas les leurs. Et personne ne les inquiète; car la loi, une loi qu'on croirait inspirée par les législateurs de la Commune, et qui a pour unique effet de protéger l'escroquerie, déclare « qu'elle ne reconnaît pas les jeux de Bourse. »

Que sont les cercles, les clubs, les casinos de toutes les villes de France?

De simples maisons de jeu.

Seulement, comme elles ne payent aucune redevance à l'Etat, que l'État ne les surveille pas, les choses ne s'y passent pas toujours comme le voudraient la probité et la justice. Les grecs y fourmillent. On n'y joue pas argent sur table. Les dettes qu'on y contracte se payent mal ou ne se payent pas. Aucune garantie pour les joueurs!

Avec les jeux autorisés et surveillés, ces innombrables abus cessent. Outre que l'État peut toujours avoir confiance dans l'honorabilité des hommes qui, à l'exemple de MM. Dupressoir, de Baden-Baden, Blanc frères, de Monaco, soumissionneraient la ferme de nos jeux, les fripons en seraient exclus par la police, comme ils le sont de tous les casinos de l'Allemagne, et le revenu que la France appauvrie trouverait dans cette combinaison si simple, si pratique et si morale, suffirait largement pour nous dédommager en peu de temps de nos désastres.

Je mets qui que ce soit au défi de trouver un seul argument sérieux — je dis *sérieux* — contre ce projet.

Et pour prouver à quel point je le prends au sérieux moi-même, je propose, par la présente, au gouvernement de payer par année une redevance de DEUX CENT CINQUANTE MILLIONS DE FRANCS, soit cinq milliards de francs en vingt ans, contre le privilége unique et exclusif en ma faveur, transmissible à mes héritiers, avec faculté de sous-traiter de la ferme des jeux dans toutes les villes balnéaires et les villes d'eaux thermales de France, sous le contrôle et la surveillance de l'État.

Je consentirais à ne pas ouvrir de maison de jeu à Paris, afin de ne pas faire loucher les myopes de Versailles.

A Versailles, trois jours après que les jeux seraient installés, je m'engagerais à découvrir, dans les environs du château, une source d'eau minérale qui guérirait la maladie qu'on appelle le TRAC.

Hélas! mes chers amis, quoique je sois connu dans mon pays, du moins je m'en flatte, pour un homme d'honneur et de bon sens, et que, en toute chose, j'aie invariablement l'amour du Bien devant les yeux, j'ai grand' peur que ce beau projet ne se réalise jamais. Pour calculer toute la portée d'une affaire qui, en vingt ans, nous mettrait dans les mains une somme égale à celle que nous payons à la Prusse, il nous faudrait à la tête de nos administrations et dans nos conseils des hommes jeunes, actifs, habiles, hardis, sensés, marchant tout droit au but et ne regardant pas derrière eux. . . . .

L'Espagne, qui sait mieux calculer que nous, établit des maisons de jeux partout, jusque dans les plus pauvres villages de notre frontière. La Suisse et l'Italie ne tarderont sans doute pas à faire de même. Et c'est ainsi que les meilleures idées ne servent à personne, même pas à ceux qui les ont.

ERNEST FEYDEAU.

P. S. — Comme je ne veux pas que l'Hypocrisie communiste ait même l'apparence d'une bonne raison à m'opposer, je m'empresse d'aller au-devant d'un reproche qu'elle ne manquerait sans doute pas de me faire.

« Vous voulez chercher à vous engraisser de la sueur du peuple, dira-t-elle. — Quelle agréable nourriture ! — L'épargne de l'ouvrier, de la veuve, des orphelins, en les tentant par l'appât de gros bénéfices, vous voulez les en dépouiller. »

Je réponds : « Taisez-vous, imbéciles, vous n'êtes bons qu'à ressasser des choses rebattues. Il est facile, vous le savez bien, d'interdire, ici comme en Allemagne, l'entrée des salons de jeu aux ouvriers, aux paysans, aux soldats. Les fermiers n'ont rien à gagner avec les petites bourses, et le divertissement des jeux n'est pas fait pour elles. Non, comme le disait M. Bénazet, de regrettable mémoire, — il était obligeant, bienfaisant et bon, — il y a, de par le monde civilisé, un certain nombre d'individus qui sont trop riches et qui ne savent que faire de leur fortune. Chaque année, au printemps, on les voit arriver de Russie, de Pologne, d'Égypte, de Turquie, d'Amérique, du Brésil et même d'Espagne et d'Italie. Ce sont ces millionnaires, tous vaniteux et gros joueurs, qui sont créés et mis au monde spécialement pour faire la fortune des maisons de jeux. C'est le superflu de ceux-là qu'elles visent. Elles n'auraient qu'à perdre avec les pauvres, elles n'ont qu'à gagner avec les riches.

E. F.

LA GAZETTE DES EAUX.

. . . .

. . . .

. . . .

Certaines passions ont été données à l'homme par une haute volonté, qui certainement ne s'est jamais proposé d'en faire un être parfait.

Le jeu est de ce nombre.

Proscrivez-le, opposez-lui des barrières, il se fait clandestin, il ouvre des tripots où l'orgie et la débauche tiennent tête aux cartes et aux dés; il produit la mauvaise foi, la duperie, l'escroquerie; il engendre des grecs, des voleurs et des assassins; et vous n'y ferez rien, tout en multipliant les commissaires et les dénicheurs de bouges. Il faut que l'homme joue; que le gage soit un louis d'or ou un plat de lentilles.

Cela étant, vous organisez le jeu, vous le placez sur une voie tracée et rigide, comme vous faites pour cet engin indisciplinable qu'on appelle la vapeur; et le jeu devient honnête, il obéit, il se soumet, il a des gants comme un homme bien élevé et n'élève jamais la voix; il n'est ni ivre ni lascif; il n'engage sur parole ni sa maison, ni son cheval, ni sa femme.

G. DE L.

LE MONDE THERMAL.

. . . .
. . . .
. . . .

Que le gain d'une partie soit décidé par le talent seul, comme dans les échecs ou le tir à la cible; ou par le talent et le hasard combinés, comme dans le whist, les marchés à terme, les paris de sport; ou par le hasard seul, comme dans la roulette, le droit de propriété acquis par le gagnant n'en est ni plus ni moins légitime, puisqu'il a toujours la source dans l'abandon, la donation, la cession conditionnelle, mais absolue, que le perdant avait faite avant de jouer.

C'est donc à tort et contrairement au droit le plus manifeste, que notre Code méconnaît la transmission de la propriété par le jeu. Il y a sous cette négation un vieux reste de préjugé qui tombe en ruines, heureusement. N'est-il pas singulier qu'un honorable magistrat, après avoir gagné cinq louis sur le prix du Jockey-Club et cinq autres le même soir sur la tourne d'un roi à l'écarté, annule et punisse le lendemain un loyal pari sur la hausse? N'est-il pas singulier que les journaux officiels publient le texte de ce jugement entre le cours des marchés à terme et l'annonce d'une loterie autorisée? Mais le pis de l'affaire est que les lois contre le jeu n'ont jamais servi qu'aux fripons de tous étages.

L'État n'a pas le droit d'interdire le jeu. Qu'il le surveille, qu'il assure la loyauté des transactions aléatoires, il sera dans son rôle.

Si demain un gros capitaliste ouvrait boutique sur la place de la Madeleine et mettait cent millions en banque contre les joueurs de Paris et de l'étranger, nos lois le condamneraient d'emblée, et elles auraient tort. Mieux vaut un jeu public, surveillé, contrôlé, forcément honnête, que les mille petits tripots clandestins où quelques filles, associées à quelques escrocs, enivrent un pauvre pigeon avant de le plumer.

E. ABOUT.

LE DERBY.

« Patience, patience! Ça marche! » comme dit Rodin, dans le *Juif-Errant*. Il en est de même pour le rétablissement des jeux en France. Chaque jour les faits s'accumulent, comme si tout le monde se donnait le mot pour prouver l'urgence de la question; il ne s'agit que de compulser les journaux pour acquérir la conviction que c'est là une de ces mesures salutaires auxquelles l'opinion publique donnera infailliblement sa sanction bien plus tôt qu'on ne pourrait le croire.

LE GAULOIS.

Il se pourrait que la question des jeux fût portée très-prochainement devant l'Assemblée.

Au point de vue de la morale, la Préfecture de police n'aura aucune peine à démontrer qu'il existe quand même dans Paris *un grand nombre* de maisons de grecs, où, chaque jour, se font plumer une foule de gens. La passion, paraît-il, est plus forte que la loi, et l'on est tout disposé à réglementer les jeux et à donner, par ce moyen, le coup de boutoir aux voleurs de Paris et d'ailleurs.

———————

LA LIBERTÉ.

Aurons-nous les jeux autorisés en France?

Telle est la question qui commence à circuler très-sérieusement dans les cercles, et même dans les cercles politiques. Cela mérite, très-évidemment, qu'on s'en occupe. . . . .

Allons, un bon mouvement, messieurs les gens rigides! Daignez descendre du cheval de carton sur lequel vous vous juchez chaque fois que cette hypothèse pratique montre le bout d'un mémoire écrit.

C'est vraiment une duperie de voir tant de millions s'en aller à l'étranger, quand il a déjà nos milliards. Et il y a cent à parier contre un que personne n'hésitera à préférer Paris et ses environs, pourvus de salons de conversation, aux kursaals et casinos de l'Allemagne.

Bismarck et ses esclaves des petits royaumes en hurleront de douleur, soyez-en certains; et l'or qui nous reviendra ainsi fera rentrer dans la boîte aux inutilités les petites coupures qui circulent à présent de toutes parts. . . . .

LA GAZETTE DE PARIS.

On s'occupe sérieusement de la question des jeux. C'est une constitution comme une autre, plus logique que la plupart de celles qui sont proposées si timidement; seulement, on n'ose pas nommer une commission pour étudier la question des jeux.

Mais les journaux s'en préoccupent. L'indignation n'est plus qu'un vieux cliché mis au rebut; — on ose aborder le côté pratique.

LE FIGARO.

Les économistes de l'Assemblée n'ont donc que trois notes dans leur trombone?

— Impôt sur le revenu.

— Impôt sur les matières premières.

— Impôt sur les valeurs mobilières.

Il faut de l'argent, c'est convenu.

Voulez-vous des revenus qui ne vous coûteront rien à percevoir et qui s'élèveront à des chiffres considérables?

Rétablissez les jeux.

On joue partout, et sans garantie. Donnez des garanties aux joueurs. Réglementez le jeu en autorisant les jeux.

Les Français n'iront plus jouer à l'étranger, et l'étranger viendra jouer en France.

Quelles sources de revenus pour le Trésor! La moralité? Ah! pardon! elle n'a rien à voir là-dedans.

Qui a joué jouera. Voyez ce qui se passe dans les villes d'eaux, et, chez nous, dans les cercles et ailleurs.

En autorisant les jeux, vous tuez les tripots clandestins. Étudiez bien la question. Elle en vaut la peine.

LE MESSAGER DE PARIS.

En présence des obligations que nous avons à remplir, nul ne songe à contester la cruelle nécessité de créer au Trésor public de nouvelles ressources, d'augmenter les impôts et de réparer, par des sacrifices extraordinaires, les désastres du pays. Mais il n'est pas impossible de trouver des revenus dont la perception ne porte pas de sérieuse atteinte à l'industrie nationale. Pourquoi, par exemple, hésiterait-on à rétablir les jeux et la loterie? Question de moralité, dira-t-on? Avant de faire intervenir la moralité là où elle n'a que faire, il faudrait trouver les moyens d'étouffer la passion du jeu. On joue, en effet, dans tous les cercles, dans les cafés et dans tous les cabarets; on s'y livre à des jeux interdits par la loi, et, cela sans garantie et sans contrôle. En rétablissant les jeux qui donneront à l'État des revenus considérables, on réglemente ce qui ne l'est pas; on moralise, autant que possible, ce qui est tout à fait immoral.

Si l'on ajoute à la perte sèche, pour le Trésor, d'une redevance dont le privent les tripots clandestins ou simplement tolérés, la perte beaucoup plus élevée que fait éprouver au commerce de nos villes l'absence des riches étrangers qui encombrent, chaque année, les villes d'eaux de l'Europe, et celle des Français qui portent invariablement leurs capitaux dans les mêmes villes et y entretiennent, par leurs dépenses, le luxe, la prospérité et la vie, on arrive à des sommes énormes qui afflueraient chez nous si nous le voulions bien; la France a toujours eu et conservera toujours le privilége d'attirer à elle tous ceux qui aiment à bien vivre.

Du moment qu'on ne peut supprimer les passions humaines, il est inutile de faire étalage de morale, et, sous un prétexte presque puéril, de renoncer à tous les avantages qu'on peut retirer, non pas de l'exploitation, mais d'une saine réglementation du jeu, dans le but d'en faire profiter les pays étrangers et notamment ceux qui ont mis tant d'acharnement dans l'impitoyable guerre de destruction qu'ils nous ont faite.

Étant donnée la fièvre inguérissable qui dévore les joueurs, il est beaucoup plus moral à nos yeux de les surveiller dans leurs agissements, d'imposer à leur passion une charge qui contribue au bien commun,

que de les laisser, sans frein et sans règle, exploiter
par d'habiles coquins et de les voir se ruiner sans
profit pour personne.

En cherchant bien, on pourrait trouver là et ailleurs
des ressources très-acceptables et contre lesquelles il
ne s'élèverait pas de protestations.

LA LIBERTÉ.

M. le Président de la République a reçu en audience
particulière trois honorables propriétaires d'Aix-les-
Bains, qui avaient sollicité la faveur de l'entretenir du
rétablissement des jeux en France. M. le Président de
la République leur a avoué qu'en présence de ce qu'il
a pu constater de ses propres yeux à Nice : le scandale des tripots, l'affluence considérable aux trains
pour Monaco, il est revenu sur ses anciennes opinions
de 1836. Il leur a donné l'assurance que si l'opinion
publique se prononçait en faveur du rétablissement des
jeux, le gouvernement n'y contredirait point.

Un très-grand nombre de députés sont également
favorables à cette idée.

LE CHARIVARI.

Des pétitions dans le sens du rétablissement des jeux publics, d'où la surveillance de l'autorité exclut la friponnerie, affluent de tous côtés.

Une douzaine de villes thermales, par l'organe de leurs conseils municipaux, ont formulé des vœux conformes.

En outre, il est de plus en plus question du dépôt d'un projet de loi dû à l'initiative parlementaire qui doit être très-prochainement déposé dans ce sens.

Le moment de la discussion venu, on verra à prouver de quel côté sont le bon sens et la morale intelligente.

LA LIBERTÉ.

Rétablir les jeux est une nécessité de l'époque. Cela répond à un besoin réel, et il est vraiment trop bête d'être vertueux au point de laisser aller à l'étranger les millions qu'on viendra toujours, de préférence, dépenser à Paris.

LA GAZETTE DES ÉTRANGERS DE VIENNE (AUTRICHE).

Si la France est justement renommée pour la fertilité de son sol, de son industrie et de son immense mouvement commercial, il n'en est pas moins vrai que certaines parties de son territoire, même les plus favorisées de la nature soit par leurs sites pittoresques, leurs richesses minéralogiques ou la vertu médicale de leurs eaux, et par conséquent les plus intéressantes, se trouvent, par leur situation géographique, complétement en dehors de ce grand mouvement industriel et commercial qui fait la grandeur et la fortune d'un pays.

Qu'a-t-on fait jusqu'à ce jour pour améliorer le sort des populations laborieusés et faire cesser cet état de malaise qui, en se perpétuant, menace de mener à une ruine complète ces contrées par trop délaissées? Rien! ou bien peu. Aussi voit-on en ce moment plusieurs communes à bout de ressources, et sur le point de succomber sous le poids de leurs énormes dettes, solliciter près de l'Assemblée nationale le rétablissement des jeux publics, comme moyen infaillible de rétablir leur situation financière et d'assurer pour longtemps à ces localités un avenir prospère.

La ville d'Aix-les-Bains, dont la décadence va *crescendo* d'année en année depuis la suppression de ses jeux, a pris l'initiative du mouvement qui se manifeste en faveur de l'établissement des jeux publics.

Le conseil municipal a adressé à l'Assemblée nationale une demande ayant pour objet le rétablissement

de la ferme des jeux publics au Casino d'Aix-les-Bains.
Quel en sera le résultat? on l'ignore encore, mais on
conçoit un grand espoir de voir la requête favorable-
ment accueillie par la Chambre.

Le gouvernement, dit-on, ne se montre pas hostile
à la chose considérée au point de vue d'intérêt local.

Tout va donc pour le mieux jusqu'à présent; il n'y a
plus qu'à attendre que la Chambre se prononce.

Et il est à présumer qu'en présence de l'état actuel
de nos finances et vu le pressant besoin d'argent dans
lequel on se trouve, le gouvernement ne dédaignera
pas de profiter de l'occasion qui se présente de prélever un impôt assez productif qui, cette fois, ne frap-
pera que les classes riches et désœuvrées. (*Corr. part.*)

LE CHRONIQUEUR ET LE JOURNAL DE FRANCFORT.

UN CRI D'ALARME.

Il nous était revenu de différents côtés que les représentants de la ville d'Ems, — conseil municipal,
grands propriétaires, hôteliers, etc., — avaient dé-
daigné de se joindre aux représentants de Bade, de
Hombourg, de Wiesbaden, dans leurs démarches près
de qui de droit, afin que l'époque fatale du 31 décembre 1872 fut reculée de quelques années. Il paraissait qu'on avait abandonné la partie et qu'il n'y avait
plus qu'à espérer d'attendre du temps la solution du
problème qui s'imposera désormais aux grands bains
d'Allemagne.

Mais la question paraît avoir subitement changé de face : plus on se remue en France pour obtenir, en faveur des établissements thermaux, le rappel de la loi de 1836 prohibitive des jeux publics, plus l'inquiétude gagne de proche en proche les intéressés allemands, et le *Journal de Francfort* lui-même prête ses colonnes à un article daté d'Ems, que je me bornerai pour aujourd'hui à traduire :

« Ems. — Une excellente brochure intitulée : *La suppression des banques publiques de jeux dans l'empire Allemand,* dont l'auteur, M. E. Homburg, examine la question sous toutes ses faces, vient de sortir des presses. Le but principal de cet écrit est d'appeler l'attention sur la grande activité qui règne dans toute la France pour ruiner les villes thermales Allemandes par le rétablissement des banques de jeux. La presse française, unie aux hommes d'État les plus versés dans les affaires publiques, presse l'Assemblée de prêter son concours à cette démarche faite de toutes parts, et de rétablir les jeux publics dans tous les bains de la France.

Il n'y a pas à douter que ces efforts ne soient couronnés de succès, attendu que la France a fait l'expérience que la suppression des banques de jeux, ordonnée en 1836, a complétement manqué son but, et qu'elle a eu pour conséquence de faire éprouver de grands dommages en tous sens, qu'il est important de faire cesser sans perte de temps.

Notre célèbre ville de bains sera cruellement éprouvée, à la fin de cette saison, par la suppression de la banque de jeux, mais le rétablissement de ces derniers en France nous ravit le dernier espoir de voir conser-

ver à nos thermes la haute société qui en a fait constamment le plus bel ornement.

NE SERAIT-IL PAS PATRIOTIQUE *de contrecarrer les intentions
des Français, qui cherchent, par tous les moyens possibles,
à préparer notre ruine? Nous prenons la liberté d'appeler
l'attention des autorités sur ce danger menaçant.* »

Il est, en effet, bien temps d'y songer, car de toutes
parts on n'entend parler de l'avenir qu'avec les appréhensions les plus fondées.

LA GAZETTE DE COLOGNE.

HOMBOURG-ÈS-MONTS. — Un voile de deuil s'étend sur
la population de notre ville d'eaux; c'est avec une ter-
reur réelle que nous marchons vers l'avenir; les beaux
jours d'Aranjuez sont passés, et quant à la situation qui
nous est faite par l'abolition des jeux, notre ville célèbre tombera dans un état de ruine complète.

Les Français nous regardent avec une joie maligne,
et chaque jour nous trouvons dans les journaux français l'expression de cette opinion que les villes d'eaux
de l'Allemagne seront perdues après le rétablissement
des jeux en France.

Les hommes d'État les plus éminents et les économistes les plus distingués de France reconnaissent dans
le rétablissement des maisons de jeu une mesure jus-
tifiée par la morale et par le moyen le plus sûr d'attirer
l'argent de l'étranger dans les villes d'eaux et de luxe

4

de France, en assurant en même temps des intérêts énormes aux caisses de l'État, à l'industrie et au commerce, en deux mots : à la prospérité du pays.

Ne serait-il pas indispensable que le gouvernement de Berlin examinât en face les intentions de nos voisins, en intervenant dans nos intérêts en temps et lieu utiles?

LA LIBERTÉ.

La presse allemande tout entière est ameutée contre nous à propos de la possibilité du rétablissement des jeux publics dans nos villes d'eaux. On peut dire avec exactitude que les journaux font rage et essayent de détourner la question, en la présentant comme tout à fait politique.

On dirait que la vie de toute l'Allemagne était suspendue à ces jeux, et qu'en les rétablissant chez nous, au moment même où ils vont être supprimés chez eux, nous allons hériter de la grandeur à laquelle ils seraient parvenus. Ce serait une triste consolation, si notre régénération était à ce prix.

Il est évident que notre concurrence serait terrible; mais que peut leur importer ce que nous allons faire ici, puisque l'abolition est décidée en principe par eux? Ce sera donc toujours l'histoire du chien du jardinier?

Après cela, nous en parlons bien à notre aise : nous ne les tenons pas encore ces fameux jeux : il y a dans l'Assemblée des opinions bien diverses sur ce point, et quand il s'agira de voter, tout le monde sera peut-être bien surpris.

Dans tous les cas, il est bien certain que ce ne sera pas pour complaire à M. de Bismarck que les ennemis de la mesure déposeront un vote contraire; mais le désir d'être trop moral ne doit pas, cependant, priver le pays des ressources énormes que nous comptons trouver avec les jeux.

Les journaux allemands sont d'accord pour convenir que depuis 1836, époque de l'abolition des jeux chez nous, nous avons fait des pertes importantes et de toutes sortes, et que le chiffre des millions que l'État eût touchés pour sa part est considérable.

Ne serait-ce que dix millions chaque année, en trente-six ans cela en vaudrait certainement la peine.

LE FIGARO.

LES JEUX EN FRANCE.

Il paraît que la prude Allemagne s'effarouche très-fort à l'idée que nous pourrions bien rétablir les jeux chez nous, et par conséquent nous affranchir du tribut que nos plaisirs lui payent. C'est bien assez des cinq milliards.

Cette question du rétablissement des jeux viendra prochainement à la Chambre. Fasse le ciel que la bégueulerie prudhomesque ne l'emporte pas sur le sens pratique et sur l'urgence de nos besoins!

4.

Nous sommes, au point de vue financier, dans une situation telle, qu'il n'est pas de mince ruisseau que nous devions négliger, quand il s'agit d'alimenter ce torrent de millions qui emportera notre richesse et en même temps nous délivrera de l'occupation étrangère. Le rétablissement des jeux en France est un de ces ruisseaux, et non pas le moins important. Je veux essayer de réfuter sommairement les objections qu'on oppose à ce projet.

Laissons de côté la moralité du jeu. Aussi bien, en fait, on sait que l'État est obligé de fermer les yeux sur les grosses parties qui se jouent tous les jours et toutes les nuits dans nos Cercles.

La principale objection serait donc de ne point détourner de leurs devoirs quantité le gens appartenant aux classes moyennes et aux classes ouvrières, qui, tentés, par l'espoir d'un gain considérable, se laisseraient entraîner par la passion du jeu mise à leur portée. D'abord, on pourrait obliger les concessionnaires des maisons de jeu à ne recevoir que des personnes pouvant présenter des cartes de membre d'un Cercle connu et les personnes présentées par celles-là. Si large que soit ce mode de présentation et en admettant même que, de ricochet en ricochet, elles perdent de leur origine aristocratique, elles ne descendront jamais jusqu'aux classes peu aisées, qu'il s'agit de préserver de la contagion.

A ceux qui crieraient à l'inégalité et au privilége, je répondrai que ce privilége-là n'a rien de bien enviable, et qu'il ne s'agit pas de mettre le jeu à la portée des petites bourses, mais simplement de garder en France l'argent que les riches joueurs vont porter à l'étranger.

Un autre moyen serait de reléguer ces maisons de jeu loin des grands centres de population, de façon à écarter le danger d'une tentation immédiate. L'ouvrier qui, un samedi de paye, monterait dans une maison de jeu de Paris, n'irait pas faire le voyage d'Arcachon, par exemple, qui absorberait plus que sa paye, si les jeux étaient installés dans ces localités fréquentées surtout par de riches oisifs.

Ce serait donc un impôt indirect prélevé sur la passion du jeu; et l'on sait que les impôts indirects en général, que chacun limite selon les besoins de sa consommation, sont les moins lourds et les plus facilement acceptés.

COVIELLE.

LE PETIT JOURNAL.

LE RÉTABLISSEMENT DES JEUX.

. . . .
. . . .
. . . .
. . . .

Plus que personne, je sais combien il est nécessaire d'opposer une digue aux impôts que le Gouvernement fait tomber sur tous les actes de la vie, à peu près à l'exemple d'une corneille qui abat des noix.

Ayant démontré maintes fois l'utilité économique,

les avantages pratiques et la moralité des impôts facul-
tatifs, j'attendais patiemment qu'ils fissent d'eux-mêmes leur chemin dans le monde, et je suivais avec une
légitime satisfaction leurs progrès journaliers.

Cependant on m'invite à rentrer dans la polémique.

C'est par le jeu que je commencerai, la question devant être soumise incessamment à l'Assemblée.

***

Le jeu est une passion indomptable, irrésistible, plus
forte que la loi.

Le jeu, sous toutes ses formes, représente la lutte
de l'homme contre l'inconnu, contre le hasard, ces
deux éternels tentateurs, ces deux excitants de l'humanité.

On a toujours joué et l'on jouera toujours.

La question est de savoir si l'État doit reconnaître
cette passion et par conséquent la réglementer.

Je réponds hardiment : Oui.

Ma démonstration ne sera ni longue ni difficile.

Que se passe-t-il aujourd'hui que le jeu est interdit?

Il y a, à Paris seulement, deux cents Cercles, grands
ou petits, qui ont le jeu pour but et pour mobile.

Trois ou quatre, par exception : le Jockey-Club,
l'Union Artistique, le Cercle Agricole, joignent au jeu
des spécialités utiles.

***

La plus grande préoccupation des membres de chaque Cercle est de former un cordon sanitaire pour écarter les grecs et les filous.

Ceux-ci se dédommagent en opérant dans les maisons de jeu clandestines, autrement dit les tripots, au nombre, pour Paris seulement, de trois mille.

— Trois mille!... — Oui, au moins; et je suis certain de donner un chiffre inférieur à la réalité.

La police se livre à une chasse ardente, infatigable; tous les jours elle opère quelque saisie, tant et si bien que nous avons renoncé à les mentionner.

Les tripots sont la plaie et la honte de Paris.

Les joueurs honnêtes sont livrés sans défense à des exploiteurs sans vergogne qui ne reculent pas devant les excitations les plus malsaines pour mieux dominer leurs dupes.

Les adversaires du jeu public disent :

— Cela est vrai; mais qu'y faire?... Les honnêtes gens ne s'exposent pas à de semblables mésaventures.

*
* *

Pardon, chers messieurs.

Vous n'êtes pas sans avoir assisté aux réceptions officielles, aux réceptions des puissants et des riches de ce monde.

Qu'avez-vous vu par delà des salons de danse, de concert ou de causerie?

Des salons de jeu...

On commence par la bouillotte et le whist; on finit par le baccarat. Hélas! dans les meilleures maisons se faufilent des gens qui savent corriger la chance et se rendre favorable le hasard!

Et pendant que les hommes jouent, les dames restent isolées, s'arrachant quelques danseurs.

Personne ne contestera ces observations, qui sont des faits patents, connus de tous, irréfutables.

La loi est donc impuissante à proscrire le jeu, qui se glisse partout et dont la proscription est un terrible agent de désorganisation et de démoralisation sociales.

*
* *

Que l'État autorise le jeu ; qu'il le surveille ; qu'il lui donne la garantie de son contrôle ; qu'il l'impose assez lourdement pour que l'entrée seule d'une maison soit une dépense, et aussitôt les tripots disparaissent avec le cortége hideux de grecs, de filous, d'intermédiaires éhontés.

Aussitôt la galanterie française reprendra ses droits ; la vie de famille ne sera plus battue en brèche par ce dissolvant, le Cercle, qui n'est souvent qu'un prétexte ; le joueur n'aura plus à se cacher ; il pourra se régler et se modérer en présence de l'impassible croupier.

Aussitôt la France deviendra le centre attractif des étrangers qui, depuis 1836, ont alimenté les banques d'Allemagne.

Aussitôt nos villes d'eaux, nos bains de mer, merveilleusement dotés par la nature de sites pittoresques et d'eaux salutaires, reprendront la faveur qu'elles ont quelque peu perdue.

Aussitôt surgiront, comme par enchantement, les grands établissements, rendez-vous des élégances du monde entier.

Les Français ont perdu cinquante millions par an dans les banques d'Allemagne, ils ont dépensé cinquante autres millions pendant leur séjour de l'autre côté du Rhin.

L'on a dit avec raison que la France a donné à l'Allemagne l'argent employé à fondre les innombrables canons qui ont amené nos désastres.

*
* *

La lutte avec l'Allemagne sur ce terrain serait par elle-même un motif suffisant pour le rétablissement des jeux en France.

Nous sommes obligés de payer l'indemnité de guerre, mais rien ne nous oblige à aimer les Allemands; tout nous invite, au contraire, à ne pas nous laisser sottement et périodiquement ruiner par eux.

Mais cet argument n'est pas unique, bien au contraire; j'ai démontré que la moralité, la moralité vraie, est intéressée dans la question.

Il me reste à dire quelle est l'importance financière du rétablissement des jeux publics.

Il me reste à dire où, comment, dans quelles conditions et avec quelles garanties ce rétablissement doit avoir lieu.

THOMAS GRIMM.

LE MONITEUR UNIVERSEL.

UNE QUESTION MORALE ET FINANCIÈRE.

I.

L'Assemblée nationale va être saisie prochainement d'une question qui présente beaucoup d'intérêt : nous voulons parler de la question des jeux. Elle nous a paru assez importante, en présence des charges qui pèsent sur notre budget, pour mériter une étude spéciale, dans laquelle nous n'avons cherché que la vérité et la conciliation de tous les principes.

Les jeux publics ont été abolis en France par une loi votée au mois de juin 1836, et depuis cette époque, ils n'ont jamais été rétablis.

Plus d'une fois cependant on a pensé à les autoriser de nouveau en les soumettant à une réglementation mieux conçue, mais tous les gouvernements en ont été détournés par des considérations morales, et se sont arrêtés devant des objections plus ou moins fondées. Les nécessités financières n'étaient pas telles qu'on fût impérieusement obligé de recourir à tous les moyens pour grossir les recettes, et, quand le pays était en pleine prospérité, l'État mettait une sorte de coquetterie à dédaigner des ressources accessoires. Malheureusement, la situation est aujourd'hui bien changée, et la grande, presque l'unique préoccupation des législateurs de 1872, est d'équilibrer un budget grevé de charges énormes par nos désastres. Un peuple placé en face d'une contribution de guerre de cinq milliards, à payer dans un délai très-court, n'a pas le droit de rejeter sans examen les propositions qui tendent à augmenter ses revenus.

A ce titre, la question du rétablissement des jeux s'impose d'elle-même, et il serait puéril de la laisser de côté sous prétexte d'indignité. Ce n'est pas à dire pour cela qu'il faille la trancher dans un sens ou dans l'autre sans avoir pesé mûrement toutes les raisons qui militent pour ou contre la loi de 1836; mais personne ne méconnaîtra qu'il y a là matière à une étude sérieuse.

Cette vérité une fois admise, il devient intéressant de se rendre un compte approfondi des causes et des effets de la suppression des jeux publics.

Pour commencer ces recherches, il faut d'abord se reporter à la discussion des Chambres qui votèrent cette mesure sous la monarchie de Juillet. Dans les discours qui furent prononcés alors à la tribune législative, on retrouve surtout la trace d'un grand mouvement de l'opinion publique de ce temps-là. La passion du jeu y fut attaquée avec une grande énergie, et les orateurs se livrèrent, pour la flétrir, à des considérations de l'ordre le plus élevé. Ils allèrent même jusqu'à accuser le jeu de tous les maux inhérents à la nature humaine, et ils dépassaient peut-être le but en faisant de ce vice honteux une sorte de bouc émissaire, car l'homme en nourrit bien d'autres dont les suites ne sont pas moins désastreuses; mais cette partie de leur argumentation subsiste dans toute sa force, car la morale est éternelle et elle réprouve le jeu sous toutes ses formes. Seulement, leur éloquent plaidoyer péchait par un point capital.

« L'abolition des jeux publics, disaient-ils, étouffera le funeste penchant qui les alimente. En fermant les maisons autorisées, nous guérirons du même coup les vicieux qui les fréquentent. L'avenir prouvera que le mal tenait uniquement à la tolérance que nous voulons faire cesser. »

Hélas! l'avenir a répondu, et il a démontré que ces espérances procédaient de la plus noble, de la plus généreuse, mais aussi de la plus complète de toutes les illusions. Un médecin peut diagnostiquer à merveille une maladie et se tromper cependant sur le remède. Ce fut le cas des législateurs de 1836.

En effet, on ne décrète pas la vertu, comme on a pu naguère, dit-on, décréter la victoire. On ne biffe pas une passion dans le cœur de l'homme comme on biffe un article dans un règlement. Il en est du jeu comme de tous les autres vices, qu'il faut contenir et surveiller, mais qu'il serait chimérique de prétendre détruire. La compression produit les mêmes effets dans l'ordre moral que dans l'ordre physique, et chacun sait que les machines à vapeur éclateraient, faute d'une soupape de sûreté. On prévient les inondations par l'endiguement des fleuves et non par des barrages, qui ne retiennent les eaux que pour les rendre plus furieuses.

Aussi la suppression des jeux autorisés et *réglementés* fut-elle le signal d'un débordement de la passion du jeu sous les formes les plus diverses. Les spéculations de Bourse, les émissions de valeurs à primes et à lots, les loteries plus ou moins déguisées sous le couvert d'œuvres utiles, vinrent s'offrir comme autant de dérivatifs à la fièvre qu'on avait cru couper par un vote. On n'alla plus risquer son argent au Palais-Royal ou à Frascati, mais on courut se ruiner dans le temple grec qu'on avait élevé à la déesse Fortune au bout de la rue Vivienne. Là, on ne se contente plus d'une séance de quelques heures autour d'un tapis vert. Acheteurs et vendeurs à terme jouent nuit et jour, puisqu'une dépêche télégraphique peut à toute minute les élever à l'opulence ou les plonger dans la misère. Quant aux valeurs à tirages périodiques, leur succès se fonde si bien sur le goût du jeu, qu'on en vient à trafiquer ouvertement des chances attachées au numéro d'une action. Nous laissons de côté les paris sur les courses de chevaux, qui, dans ces derniers temps surtout, ont pris des proportions excessives, tiennent boutique ouverte sur nos boulevards et se transportent sur le turf.

Ainsi le jeu reparut sous mille travestissements, pareil à ces sources dont on bouche l'orifice naturel et qui vont sourdre plus loin par d'innombrables fissures. Mais ce ne fut pas tout, et la loi de 1836 eut des conséquences plus immédiates et plus fâcheuses. Les maisons autorisées étaient fermées, les tripots déguisés ou clandestins s'ouvrirent.

Il y en eut pour toutes les classes et pour toutes les fortunes, car les joueurs se divisent en deux catégories, ceux qui sont riches et ceux qui pour satisfaire leur vice exposent leur pain quotidien.

Les premiers n'eurent que l'embarras du choix. Les

Cercles, presque inconnus en France avant 1836, se
fondèrent alors par centaines et leur ouvrirent leurs
portes à deux battants. L'été, les casinos des bains de
mer et des villes d'eaux se peuplèrent d'industriels cosmopolites prêts à offrir à tout venant des parties sus-
pectes. Et il serait naïf de croire que dans ces clubs,
dont les hommes les plus graves et les plus haut placés
ne dédaignent pas de faire partie, le jeu soit moins pé-
rilleux que dans les établissements publics.

D'abord, il y est beaucoup plus fort. Cette affirmation, qui surprendra peut-être quelques lecteurs, serait
bien facile à prouver par des exemples. Personne
n'ignore que la ferme des jeux n'accepte pas les mises
qui dépassent un certain maximum. Dans les cercles,
les enjeux sont à peu près illimités. On en cite où un
seul joueur a pu perdre en une seule nuit *neuf cent
mille francs*. Mais ils présentent encore un danger bien
autrement redoutable : *on y joue sur parole*. Ces simples mots contiennent le germe de plus de ruines et de
hontes que tous les règlements de toutes les maisons
de jeu d'Europe.

On répète les histoires légendaires des décavés se
brûlant la cervelle sur les marches du cent-treize ou se
pendant aux arbres du parc de Hombourg; mais demandez aux pères déshonorés par leurs fils, aux femmes
réduites à la misère par leur mari, ce qu'ils pensent
de ces parties élégantes où, en inscrivant un chiffre au
crayon sur un morceau de carton, on peut créer et
perdre en quelques heures des valeurs qui représentent
un patrimoine. Du reste, pour faire toucher du doigt
la différence entre les deux systèmes, il suffit de rap-

peler qu'on ne peut exposer au jeu public que de l'argent comptant, et que personne n'a toute sa fortune dans son secrétaire, tandis que dans les cercles on peut jouer ses rentes, ses maisons, ses terres, et, ce qui est bien plus terrible encore, on peut jouer ce qu'on ne possède pas.

Les sages qui vivent loin de ces entraînements croient qu'un club est un lieu de réunion où un galant homme entre pour jouir de la conversation, de la lecture et de l'honnête divertissement d'une partie de whist ou de billard. A ceux-là il faut conseiller de se renseigner auprès d'un membre d'un Cercle quelconque, et de lui demander si ce Cercle pourrait subsister sans le produit énorme des jeux de hasard. On pourrait lui en citer un — et ce n'est pas le plus riche de Paris — où les cartes rapportent au fonds social 500 francs par soirée.

Et maintenant, si sur ce point la cause est entendue, qu'on ne s'imagine pas que le mal soit limité à Paris ou aux grands centres de population. Il n'y a aujourd'hui si petite ville qui n'ait son cercle artistique, littéraire ou philharmonique, et ces dénominations variées cachent invariablement le même but d'association, qui est le jeu. Il serait facile d'écrire ici le nom d'un chef-lieu de département du Midi où un Cercle, voué, je crois, à la philologie, a bouleversé toutes les fortunes à vingt lieues à la ronde. Qu'on ne croie pas non plus qu'à Paris les gens riches se soient contentés des clubs autorisés. Il s'est formé ailleurs des parties moins régulières encore.

Tantôt, c'est une société de gens du même monde qui se réunit hebdomadairement dans un cabinet de restaurant pour se livrer après dîner une bataille d'où on peut sortir ruiné par un ami; tantôt, c'est un spéculateur hardi qui, fondant sa fortune sur le calcul des probabilités, ouvre son salon à des joueurs choisis et rétablit à son profit la ferme abolie en 1836. Celui-là, on n'a même pas pu l'inquiéter, quoique tous les riches viveurs de notre temps l'aient connu, car sa partie n'était pas publique et il y recevait les plus hauts personnages. Aussi a-t-il laissé six millions à ses héritiers, sans avoir jamais payé un sou d'impôt à l'État.

Après avoir fait la part des riches dans ces désordres nés de la suppression du jeu légalement surveillé, il faut voir ce qu'a produit cette mesure pour les joueurs des catégories inférieures.

Ceux-là vivent de revenus modestes, quelquefois même de leur travail, et ils ne peuvent prétendre à entrer dans les salons luxueux du *Jockey,* du *Sporting,* du *Moutard* ou du *Mirliton.* Pensez-vous que, faute de cette facilité, ils ont renoncé à ce vice qu'autrefois du moins ils ne pouvaient satisfaire que sous le contrôle d'une administration sérieuse et sous l'œil vigilant de la police? Croire cela, ce serait bien mal connaître les passions humaines. L'interdiction 'es irrite, l'obstacle les excite.

Le joueur pauvre ne se jette pas comme le riche dans les écarts du vice doré; il n'a pas la ressource des cabinets de restaurant et des sociétés particulières. Mais ce qu'il ne trouve pas à côté de lui, il le cherche plus bas. Il descend, il descend encore, il descend toujours, jusqu'à ce qu'il ait trouvé à satisfaire la passion qui le pousse. Le club, pour lui, c'est le tripot. Il joue dans un cabaret, dans une soupente, dans une cave. Peu lui importe la compagnie, pourvu qu'il y ait des cartes. Il s'assied à côté d'êtres abjects, il convoite l'argent des filles perdues et ne refuse pas l'enjeu des goujats. Dans ces lieux infects, on ne joue pas sur parole, c'est vrai, mais on triche. Les escrocs forment le fond de la clientèle des immondes publicains qui tiennent ces bouges.

Les malheureux que leur ignoble penchant entraîne là savent qu'ils seront volés, dépouillés jusqu'au dernier sou, et cependant ils y retournent, et les plus honteuses mésaventures ne les corrigent pas. Chaque fois que la police jette son filet dans cette fange, elle capture les mêmes dupes et les mêmes filous. Quelle preuve plus forte de l'impossibilité d'abolir le vice que cette persistance dans l'avilissement, que cette obstination à chercher la ruine! Et qu'on ne s'y trompe pas, le mal est aussi grand en bas qu'en haut. Par cette raison que les joueurs riches sont en minorité, on ne trouverait peut-être pas cent Cercles à Paris, mais on y compte de *trois à quatre mille* tripots ou maisons secrètes.

La conclusion qui ressort de cet ensemble de faits malheureusement trop authentiques, c'est que la loi de 1836 n'a pas atteint son but, et que les ravages de la passion se sont étendus au delà de toute mesure, dès qu'on a cessé de la réglementer.

C'est la législation qui a changé, ce ne sont pas les mœurs.

Il reste maintenant à examiner si le rétablissement

5

des jeux remédierait au mal, et dans quelles conditions ce rétablissement pourrait être admis.

La question est grave, complexe, et mérite d'être examinée.

II.

Les moralistes les plus sévères sont certainement d'accord avec nous pour reconnaître et déplorer les abus que nous venons de signaler. On joue toujours, personne ne le conteste, on joue partout, sans limite, sans contrôle et sans profit pour l'État. Le seul point sur lequel on peut différer d'opinion, c'est celui de savoir si, pour guérir le mal, il est indispensable de recourir à une médication qu'on pourrait appeler homœopathique. Faut-il traiter le jeu par le jeu, ou, en d'autres termes, faire la part du feu pour sauver la maison, ou bien vaut-il mieux s'en prendre tout simplement aux Cercles et aux tripots, en disciplinant les uns et pourchassant les autres?

De très-bons esprits penchent pour ce dernier parti, et pensent qu'il suffirait d'interdire le jeu dans les Cercles et de traquer les bouges clandestins pour en finir avec le vice. C'est encore là une illusion, très-respectable assurément, mais une pure illusion.

Interdire le jeu dans les Cercles! mais c'est fait depuis longtemps. Lisez le règlement du premier club venu, et vous y verrez un article ainsi conçu : « Les

jeux de hasard sont absolument défendus. » Cet article, qu'on viole régulièrement tous les soirs, charge-
rez-vous l'autorité d'en assurer l'application ? D'abord,
la mesure serait d'une légalité contestable, attendu
qu'un Cercle où on n'est admis qu'au scrutin et sous la
condition d'une honorabilité parfaite n'est point un
lieu public, mais une réunion privée où la police n'a
rien à voir. Ensuite, si, par impossible, on parvenait
à y placer des surveillants officiels, il arriverait que
personne ne consentirait à faire partie d'une association soumise aux mêmes obligations que les condamnés
libérés. Or, les Cercles ont aussi des abonnés qui ne
jouent jamais. On vexerait donc par ces procédés beaucoup d'hommes respectables et la morale n'y gagnerait
rien, car les joueurs dispersés trouveraient le moyen
de se réunir ailleurs.

En ce qui concerne les tripots, l'action de la police
est tout aussi impuissante. Depuis des années, un service spécial est chargé de leur donner la chasse. Un
commissaire choisi parmi les plus intelligents dirige un
nombreux personnel dont l'unique mission est de re-
chercher les maisons secrètes. Cela constitue une véritable armée qui est constamment en campagne contre
les partisans du vice, qui les poursuit à outrance, qui
force impitoyablement leurs repaires et qui livre ses
prisonniers à toute la sévérité des lois. Eh bien! cette
organisation si parfaite ne suffit pas. C'est tout au plus
si ces agents dévoués, actifs et habiles, parviennent à
contenir le débordement de la plus vivace de toutes les
passions. Quant à fermer cette plaie sociale, ils ne l'es-
pèrent pas. Pour un tripot qu'ils détruisent, il s'en re-

5.

forme dix. Vous pourriez doubler, tripler la surveillance que vous n'arriveriez jamais à saisir le dernier
habitué de ces cavernes, car le jeu est une hydre dont
les mille têtes repoussent après qu'on les a coupées.

Ainsi, l'expérience démontre que toute action ad-
ministrative et directe est inefficace, aussi bien contre
les grosses parties des clubs que contre les basses filou-
teries des tripots.

Maintenant, serait-il possible d'atteindre le but par
des mesures fiscales? Faut-il croire qu'un impôt sur
les cartes, par exemple, éloignerait du tapis vert les
joueurs de toute catégorie? En taxant les instruments
du vice, frapperait-on le vice lui-même? La réponse
est facile, car chacun sait que cet impôt a toujours
existé et qu'il vient d'être considérablement augmenté,
sans que, pour cela, la consommation ait diminué. On
peut hardiment affirmer que, la régie fît-elle payer un
jeu de cartes vingt francs, les choses ne seraient pas
sensiblement modifiées. Dans les bouges on échapperait
à la taxe en renouvelant moins souvent les cartes, dans
les salons dorés on élèverait les enjeux, et, plus les
cartes coûteraient cher, plus on jouerait gros. Le résultat le plus clair de l'élévation des droits serait de
surcharger une industrie qui occupe en France de nombreux cuvriers.

De toutes ces impossibilités de répression, on doit
conclure que le monstre est invulnérable, quand on
l'attaque de front. Mais puisqu'on ne peut pas le détruire, il faut du moins chercher à circonscrire les ravages qu'il exerce. Si on pouvait arriver à ce résultat
en rétablissant les jeux, devrait-on reculer devant des

considérations abstraites, et sacrifier l'intérêt général
à des répugnances moins raisonnées qu'instinctives? Il
est évident au contraire que les adversaires les plus dé-
terminés des jeux publics n'hésiteraient pas alors à les
proscrire, et que, mieux informés par un essai de
trente-cinq ans, les législateurs de 1836 eux-mêmes,
s'ils vivaient encore, reviendraient de leurs préven-
tions.

Or, il y a des motifs très-sérieux pour croire que le
rétablissement de la Ferme atténuerait considérablement le mal, et le premier de tous ces motifs, c'est
qu'en tolérant ouvertement le jeu, on lui enlèverait
l'attrait du fruit défendu. Le cœur humain est ainsi fait,
qu'il s'enflamme surtout pour les jouissances interdites.
Quand on peut satisfaire largement ses goûts, la satiété
vient vite, et il y a longtemps qu'en Amérique on gué-
rit les ivrognes en les nourrissant de mets imprégnés
d'eau-de-vie. Mais, à cette raison fondée sur la philosophie des passions, viennent s'en ajouter d'autres
tirées de l'observation du caractère des joueurs. Ceux
qui hantent les bouges ténébreux les abandonneraient
certainement pour les maisons publiques, où ils seraient
sûrs de n'être ni volés par des escrocs, ni arrêtés par
la police. Ils joueraient encore, mais du moins ils ne
contribueraient plus à entretenir ces foyers de corruption où on commence par être dupe et où on finit par
devenir coquin. Quant aux habitués des Cercles, il est
probable qu'ils ne renonceraient pas à y passer leurs
soirées, mais tous les joueurs savent calculer, et bien
peu préféreraient aux chances régulières et aux enjeux

limités de la Ferme les entraînements et les mécomptes des parties sur parole.

Si donc on veut bien admettre que, sous le régime inauguré en 1836, le mal, au lieu de diminuer, s'est accru dans des proportions effrayantes, si on reconnaît qu'il vaut mieux réglementer le vice et le traîner au grand jour que de le laisser se cacher dans l'ombre, il suffira d'examiner la question au point de vue financier pour se convaincre des avantages que présenterait au pays le rétablissement des jeux.

Accablée par l'écrasant fardeau que lui a légué une guerre désastreuse, la France demande des ressources à tout ce que son sol et son industrie produisent d'imposable. On en est venu tout récemment à proposer de grever les matières premières ; les impôts indirects sont à peu près doublés, et il n'est guère de denrée qui ait échappé à une surtaxe. Le fisc a été contraint à ne pas dédaigner même les allumettes. Et cependant on n'est pas encore parvenu à équilibrer les recettes avec les énormes dépenses d'un budget surchargé d'une rançon de cinq milliards. En présence de nécessités aussi formidables, un impôt qui produirait de six à douze millions fournis par une contribution volontaire, sans frapper aucun produit national, ne peut pas être rejeté, à moins de motifs très-graves.

La seule objection qu'on puisse lui opposer avec quelque apparence de raison est encore empruntée à cette morale conventionnelle qui interdit à l'État de mettre les passions en coupe réglée. La France, prétend-on, se déshonorerait en descendant à de semblables expédients. Mais pendant un demi-siècle, et sous trois ou quatre gouvernements, les jeux ont contribué à alimenter le Trésor public, sans que la source à laquelle elle puisait une partie de ses revenus ait déconsidéré la nation. Les conditions ont-elles changé et l'honneur de la France est-il devenu si susceptible qu'il suffise pour l'entacher d'une mesure fiscale? La régénération de notre pays tiendrait-elle à une question d'impôts? Veut-on soutenir qu'un peuple qui taxe les jeux ne peut pas se relever, et que l'argent prélevé sur le vice ne saurait servir à payer l'armée de la délivrance? Hélas ! nous venons d'apprendre à nos dépens que le *trente-et-quarante* n'empêche pas les progrès de l'artillerie. Il y avait longtemps que les jeux étaient interdits en France, quand nous avons été battus par l'Allemagne qui les tolérait chez elle depuis trente ans. D'ailleurs, en laissant de côté ces considérations qui n'ont pas même le mérite d'être spécieuses, on peut s'appuyer sur une comparaison d'un ordre moins élevé, mais beaucoup plus positive. En votant les derniers impôts, l'Assemblée, avec beaucoup de raison, n'a pas cru devoir exempter de la taxe les cartes, les dominos et le billard. Par ce seul fait la question me semble tranchée, mais ce n'est là que son petit côté.

En effet, les douze millions que payeraient les jeux n'auraient qu'une bien mince importance auprès des sommes énormes que le rétablissement de la Ferme amènerait en France. Ce sont de véritables flots d'or qui, depuis 1837, roulent en Allemagne apportés par tous les joueurs opulents de l'Europe. Ce Pactole reprendrait bientôt le chemin de notre pays. Les séductions de la forêt Noire et des bords du Rhin ne retien-

draient pas longtemps les riches étrangers, et la somme
qu'ils répandraient sur la terre française pourrait sans
exagération être évaluée à 200 millions. Devant de pa-
reils chiffres, on ne peut parler que pour mémoire des
avantages secondaires que nous retirerions de ce dé-
placement d'une des grandes sources de richesse de la
Prusse rhénane. Églises construites, écoles et hôpitaux
fondés et dotés, routes ouvertes, tels sont, — sans
compter les encouragements aux arts et les fêtes musi-
cales, théâtrales, etc., — les bienfaits qui suivent le
courant cosmopolite.

Il ne reste plus maintenant qu'à examiner dans
quelles conditions les jeux pourraient être rétablis, et
le moment est venu de parler des dangers qu'ils présentent. Il serait puéril de contester qu'il en existe et
même d'assez sérieux. Le plus grave de tous, c'est
assurément la tentation que les facilités offertes par le
jeu public présentent aux garçons de recette, aux commis en tournée de recouvrement, à tous ceux en un
mot qui circulent dans les rues porteurs des deniers
d'autrui. Ils passent, la sacoche à l'épaule ou le porte-
feuille dans la poche ; la maison est ouverte à tout venant, ils montent, ils jouent, ils perdent, et le jeu
compte une victime de plus. On pourrait opposer à ce
tableau sinistre les règlements, qui ont toujours été très-
sévères et qui n'admettent au jeu ni les mineurs, ni les
employés de banque ; on pourrait affirmer que la surveillance la plus active est sans cesse exercée sur le
personnel qui fréquente la maison, mais il peut arriver
que toutes ces précautions n'empêchent pas un malheur, et il suffit que ce malheur soit possible pour que

les jeux doivent être éloignés des grands centres de population. Dans une petite ville, tout péril de ce genre disparaît, par la raison que tous les habitants se connaissent. C'est donc seulement dans les localités sans importance, comme les bains de mer et les eaux minérales, que la Ferme pourrait être autorisée à s'établir.

La question, qui sera sans doute débattue prochainement à la tribune, a été portée devant l'Assemblée nationale par voie de pétition. Dix conseils municipaux, cédant aux instances de leurs administrés, lui ont adressé des demandes revêtues de milliers de signatures et tendant à obtenir un établissement de jeu. Presque toutes sont appuyées de considérations très-puissantes et parfaitement motivées. On voit par là que le mouvement de l'opinion commence à se dessiner très-nettement en faveur de la mesure. Dix communes de France ne se décident pas à solliciter une autorisation de ce genre sans y avoir mûrement réfléchi, et il est certain que la Chambre devra tenir grand compte des projets qui lui sont soumis. Il serait prématuré de préjuger le résultat de la discussion qui s'ensuivra, mais il est permis d'indiquer les bases sur lesquelles l'autorisation pourrait être accordée.

Le gouvernement, après avoir concédé le privilége des jeux, désignerait un certain nombre de communes appelées à bénéficier de la nouvelle loi. Les conseils municipaux intéressés seraient consultés, et, en cas de refus de leur part, les communes désignées seraient rayées de la liste. Les dispositions de police adoptées avant 1836 pour l'accès des maisons de jeu seraient revisées et rendues plus sévères. Sur les revenus fixes assurés aux communes par le fermage des jeux, il serait prélevé un tiers pour le département et un tiers pour le trésor public. La part des communes serait affectée de préférence à la création de nouveaux établissements de bienfaisance ou à l'entretien d'œuvres déjà fondées.

Telles seraient à peu près les conditions sous lesquelles les jeux publics pourraient s'ouvrir de nouveau sur le sol français, auquel ils apporteraient un incontestable élément de prospérité.

Les deux aspects de la question que nous venons d'envisager ici sont étroitement liés l'un à l'autre, quoique parfaitement distincts. En effet, l'avantage financier que présente le rétablissement de la Ferme ne saurait être mis en doute, mais le point de vue moral doit assurément dominer le point de vue d'intérêt matériel. S'il est démontré que les jeux publics sont moins dangereux pour la société que l'état de choses actuel, il n'y a point à hésiter, il faut les rétablir, car la France a besoin d'argent.

L'Assemblée nationale en décidera, mais en attendant, il est curieux d'observer l'effet produit sur les Allemands des bords du Rhin par la nouvelle du projet français. L'année dernière, nos voisins en étaient aux idées qui avaient cours chez nous en 1836. Ils ne parlaient que de purger leurs casinos, et ils finirent par décider la prochaine suppression de la Ferme. Depuis qu'il s'agit de l'introduire en France, le langage de la presse germanique a complétement changé. Il ne se passe pas de jour où la *Gazette de Cologne* et les autres feuilles prussiennes ne laissent percer leurs inquiétudes

et leur colère. Elles disent que nous cherchons à ruiner l'Allemagne, et qu'il faut nous empêcher de dépouiller leurs villes d'eaux.

Si les jeux devaient nous nuire, il est probable que
nos ennemis seraient enchantés d'apprendre que nous
pensons à les rétablir.

Ils se plaignent : donc le rétablissement serait excel-
lent.

LE FIGARO.

LE RÉTABLISSEMENT DES JEUX.

I.

Le gouvernement ne dit plus non ; il hésite seulement, assure-t-on, devant les pressantes propositions qui lui ont été faites de permettre le rétablissement des jeux et de la loterie en France. Deux intérêts, celui du Trésor et celui du commerce, fortement engagés dans la question, ont exercé une influence favorable sur l'esprit de M. Thiers particulièrement. D'autres intérêts ont été mis en avant pour combattre ceux-ci : l'intérêt de la morale, le premier de tous, a été invoqué.

Est-on bien sûr que ce dernier soit si gravement compromis qu'on se l'imagine? C'est ce que nous allons essayer d'exposer en toute franchise, sans bégueulerie comme sans affectation d'un cynisme qui n'est ni dans nos mœurs ni dans notre caractère.

J'ai, d'ailleurs, un aveu bien net à faire à mes lecteurs : je n'ai aucun goût pour le jeu ; je n'y trouve ni plaisir ni avantage. Je plaide donc ici une cause à laquelle je demeure parfaitement indifférent. Je m'en tiens aux considérations qui la peuvent faire triompher, au point de vue des intérêts matériels que je signale plus haut, et aussi — sans paradoxe — au point de vue même de la morale. Je ne m'en dédis pas.

*
* *

Le premier point à établir, c'est celui de la morale.
Ce n'est pas si difficile qu'on le pourrait croire.

Je m'appuie sur ceci d'abord : le jeu et la loterie
ont été abolis en France en 1836. Cette date mémo-
rable paraissait devoir évidemment marquer une ère
inattendue de perfection dans la race humaine, et dans
la race française en particulier ; mais je ne crois pas
qu'avant 1836 les hommes fussent pires qu'ils sont
aujourd'hui, et que la société fût moins bien organisée
qu'elle l'est en notre brillante époque.

Il serait plus vrai d'affirmer le contraire.

Et d'ailleurs, les pays où le jeu et la loterie ont été
conservés ne sont ni plus corrompus ni plus malsains
que le nôtre ; on n'y rencontre ni moins de vertu, ni
moins d'honnêteté, ni moins de probité que chez nous :
ce qui prouve que la morale générale ne reçoit aucune
atteinte de l'existence des passions et qu'elle peut pla-
ner au-dessus d'elles ; il s'agit qu'on ne les confonde
pas.

*
* *

Les lois, dont le but est de réprimer et de punir le
vice et le mal, sont impuissantes contre les passions ;
elles visent à les refréner, et ne parviennent qu'à les
déplacer ; elles prétendent à les supprimer, et se bor-
nent à les compliquer en y ajoutant le caractère de
délit.

C'est ce qui est arrivé pour le jeu.

La loi de 1836 a aboli les maisons de jeu, mais non pas la passion du jeu ; elle l'a développée peut-être même en lui donnant tout l'attrait du fruit défendu, et l'a doublée du caractère de clandestinité, qui a engendré l'escroquerie et le vol.

J'ai beaucoup voyagé dans l'ancien comme dans le nouveau monde : partout j'ai vu le jeu à l'état de passion humaine portée à un égal degré, aussi bien chez le Peau-Rouge que chez l'homme civilisé ; et partout où le jeu était proscrit par la loi, je l'ai surpris se développant avec frénésie et dans des conditions dangereuses pour l'ordre moral et pour l'ordre social.

*
**

Que se passe-t-il en France, depuis 1836, dans cet ordre de faits?

Les maisons de jeu autorisées, surveillées, contrôlées par l'État, c'est-à-dire les lieux publics, ouverts, où la passion du jeu était simplement contenue, ont été remplacées par des cercles de tous ordres et de tous rangs, où la passion n'a plus de limites à observer, et par les tripots clandestins, où, à côté de la passion dans toute sa brutalité, se produisent les vices de toutes les sortes, depuis l'escroquerie jusqu'à des exploitations que ma plume se refuse à énumérer ici.

Pour une fois que la loi les atteint et les frappe, ils jouissent de la plus effroyable des impunités.

Demandez à vos commissaires de police préposés à
cette sorte de surveillance, demandez-leur ce qu'ils
préféreraient : avoir le contrôle de maisons de jeu autorisées ou la responsabilité terrible de ces maisons
clandestines qui les tiennent sans cesse en haleine,
qu'ils découvrent à force de patience et de ruses, qu'ils
sont obligés parfois de prendre d'assaut au péril même
de leur vie et de la vie de leurs agents. Vous n'avez pas
de témoins plus autorisés que ces magistrats de l'ordre
public à consulter sur ce sujet. Ils vous diront quelles
gens ils découvrent dans ces tripots clandestins et entre
quelles mains des étudiants, des jeunes gens de famille,
des ouvriers, des hommes du monde, selon le degré
de l'échelle où est placé le tripot, entre quelles mains
habiles, dis-je, passe l'argent de ces malheureux dupés.

* *
*

Les Cercles — je parle ici de ceux qui ont leur rang
dans la société et sont couverts à tous égards de considération et d'estime — les Cercles ont tous, ou à peu
près tous, un salon ou deux qui sont de véritables maisons de jeu, non pas clandestines, mais aussi dangereuses que les maisons clandestines, en ce point que
voici :

Les membres d'un Cercle sont choisis, — j'entends
ceux dont l'accès n'est pas facile, — ils se connaissent
tous, se tiennent tous pour gens d'honneur égal. Le
jeu n'y a ni limites, ni frein, ni surveillance : la pas-

sion, conséquemment, s'y développe dans toute sa fougue. Quiconque ne paye pas ses dettes de jeu dans les vingt-quatre heures est exclu du Cercle, c'est vrai; mais quiconque est réputé pour tenir ses engagements peut risquer et perdre sa fortune en une nuit, en quelques heures.

Dans les maisons publiques de jeu, le *maximum* de la « poule » est limité; dans les Cercles, il ne saurait l'être, y tâchât-on. Dans les maisons publiques de jeu, nul ne peut jouer qu'argent sur table; dans les Cercles, la *parole* du joueur suffit, ou bien on l'autorise à remplacer l'argent par des jetons, par un objet quelconque, auquel il ne coûte rien de donner telle valeur que l'on veut. Dans les maisons publiques de jeu, l'heure de la clôture est fixée; les portes des Cercles, comme celles des salons privés, sont ouvertes nuit et jour.

Eh bien! que ressort-il de cette comparaison? Que, d'une part, la passion est refrénée; tandis que, de l'autre, elle ne l'est pas et échappe à tous les contrôles.

Qui ne se souvient des révélations qui couraient dans le public, il y a trois ans, sur les sommes fabuleuses perdues dans un des Cercles de Paris que je ne nommerai pas? Y eût-il eu exagération dans ces bruits, que la vérité eût été encore épouvantable. Jamais dans aucune maison de jeu public on n'a cité de désastre égal à quelques-uns de ceux que l'on signalait.

On ne peut avoir oublié la triste aventure de ce jeune homme, un des plus beaux noms de France, marié depuis à peine six mois, qui, dans un autre Cercle de Paris que je ne nommerai pas davantage, payait ses dettes

de jeu avec de faux jetons qui avaient une valeur déterminée, et alla expier devant la cour d'assises ce misérable trafic. C'est un souvenir d'il y a vingt-cinq ans.
Dans aucune maison de jeu publique, pareil crime ne
se peut commettre, les jetons n'y ayant pas cours.

En voici la preuve : C'était à Bade. Un prince allemand, l'un des plus riches de l'Europe, avait perdu
vingt mille francs, tout ce qu'il avait d'argent sur lui.
Il annonce une « ponte » de cent louis sur « parole ».
Le chef de jeu refuse. Le prince insiste : sa parole vaut
de l'or. Le chef de jeu refuse énergiquement. Le prince
se retire, non sans avoir adressé d'injurieuses paroles à
celui qui faisait son devoir. Rentré chez lui, il se refroidit
et ne revient pas au jeu. Le lendemain, il se rendit
chez M. Bénazet pour le remercier d'appliquer si rigoureusement la loi de « l'argent sur la table, » et le prier
de l'excuser auprès de l'homme qu'il avait insulté.

N'est-il pas évident que dans un Cercle où l'on savait
ce que valait comme « or » sa « parole », le prince
était sur la pente de perdre cent cinquante mille, deux
cent mille francs; quelle limite même assigner à sa
perte?

*
* *

La passion du jeu ne se supprime donc pas; elle se
déplace quand on la veut refréner, et s'en va déborder
plus loin. Alors qu'il est facile de la contenir, je dis
sans hésitation, qu'on la moralise.

Je n'ai pas fini avec ce côté de la question; j'y reviendrai. Je veux seulement répondre tout de suite à une objection que je prévois : Est-ce au gouvernement à se prêter à ce genre de moralisation d'une des passions les plus effroyables? Oui, quand il s'agit de choisir entre deux maux. Le gouvernement, sachant qu'il ne peut pas supprimer la passion, doit aviser à ce qu'elle produise le moins de désastres possible. Ce n'est pas son rôle de l'encourager, mais c'est son devoir de la surveiller. Et, finalement, le gouvernement ne constate-t-il pas l'existence de la passion du jeu, puisque déjà il prélève des impôts sur les instruments qui l'alimentent, les cartes? Qui voudrait conseiller au gouvernement, dans des moments comme ceux-ci, de renoncer à un tel impôt sur un tel objet?

II.

Il est bien établi entre nous, n'est-ce pas? que mieux vaut une maison de jeu surveillée, où l'art de l'escroc, du grec, du faussaire, est impuissant, qu'un Cercle, même des mieux famés, et un tripot ignoble où l'honnête homme est la victime d'un adroit filou, où les fortunes s'entament en une nuit, où la lutte n'est jamais égale entre la carte biseautée et la « donne » de bonne foi.

Cela ne saurait faire de doute un seul instant.

Restent les objections sur ce terrain de la morale, où j'ai dû me placer tout d'abord.

*
* *

La maison de jeu est un appel incessant à la passion;

Elle y est un excitant;

C'est la tentation toujours offerte aux faibles, aux paresseux, aux avides;

Le travail fait naufrage sur ce seuil séduisant; la fidélité du commis, du caissier, du gardien de la bourse d'autrui, y peut trébucher; — le négociant, l'homme d'affaires y peut laisser son honneur commercial; le jeune homme y commence sa vie d'aventures; le père de famille y rencontre le gouffre où il jette le dernier écu de sa maison.

Tout ce que l'on peut dire ou tonner contre la maison de jeu se résume dans ces quelques accusations, dont je viens de dresser le sommaire. Le thème comporte des variations à l'infini. Une plume bien taillée et des lèvres abondantes peuvent écrire ou discourir sur ce sujet des heures durant.

Mais tout ce qu'on dira, tout ce qu'on écrira ne sera jamais aussi éloquent que cette réplique : La loi n'a pu éteindre la passion du jeu, et il n'est pas un seul des arguments énoncés contre la maison de jeu qui ne se puisse appliquer au Cercle et au tripot, avec toutes les circonstances aggravantes que la pratique met à la charge de ces derniers.

Encore une fois, demandez aux commissaires de police si, dans les tripots et les cercles borgnes où ils font irruption ou qu'ils surveillent, ils ne rencontrent

6.

pas des commis, des caissiers, des hommes d'affaires,
des jeunes gens que dressent des professeurs en escroquerie, des commerçants, des pères de famille.

En un mot, et une fois pour toutes, la comparaison,
dans cette satisfaction donnée à la passion du jeu, est
de mille fois à l'avantage de la maison de jeu sur les
Cercles.

*
* *

On dit : Entre qui veut dans une maison de jeu publique; n'entre pas qui veut dans un Cercle privé.

C'est là une grosse erreur. N'entre pas qui veut
comme chez lui dans un Cercle; mais voulez-vous pa-
r: que neuf hommes sur dix, pères de famille et céli-
bataires, appartiennent au moins à un Cercle? S'ils
n'entrent pas, en effet, dans tous les Cercles, ils ont
toujours pied dans les leurs, et c'est assez pour ma
thèse.

On dit : Tous ceux qui fréquentent les Cercles n'y
jouent pas. Un sur cinq cents, soit! Ou encore : Parmi
ceux qui jouent, il en est beaucoup qui ne manient les
cartes que par distraction. Oui, de huit heures du soir
à quatre ou cinq heures du matin, généralement; et,
sous prétexte de jeux de combinaisons, il se risque en
ces parties-là des sommes considérables.

Le manchot Deschapelles (un nom de guerre), célèbre professeur de whist, d'écarté, d'impériale, de piquet,
qu'il jouait d'une façon si supérieure, réalisait annuellement un gain moyen de cinquante mille francs; mais,

pour arriver à un pareil résultat, son « livre de jeu » accusait des mouvements de fonds de trois cent cinquante à quatre cent mille francs, les cartes et les lieux ne lui étant pas tous les jours propices.

Il n'y a pas de jeux innocents dans les Cercles.

Et dans les tripots donc! De grâce, n'y pénétrons pas.

Donc, mères de famille, épouses, ne vous croyez pas à l'abri des coups du trente-et-quarante et de la roulette, parce qu'il n'y a pas de maisons de jeu ouvertes.

Sur ce point, si la morale doit être entamée, soyez convaincues qu'elle a reçu déjà tous les accrocs qu'elle peut supporter sans tomber en loques.

*
* *

Enfin, ces maisons de jeu, fermées en France depuis 1836, sont restées ouvertes en Allemagne, en Suisse, en Belgique, à Monaco. Est-il besoin de rappeler les pèlerinages annuels qui se font vers ces pays, et a-t-on compté l'or français qui s'en allait s'y dépenser?

Eh bien! c'est d'abord l'émigration de notre or qu'il faut arrêter, puis c'est l'immigration de l'or étranger qu'il faut favoriser : dans les conditions où se trouve la France, voilà deux résultats énormes qu'il faut atteindre.

J'ai sous les yeux des chiffres qu'il est bon de consulter ; les uns irréfutables, les autres approximatifs.

Ce n'est pas certainement pousser à l'exagération que d'évaluer à deux cents ou deux cent cinquante mil-

lions par an les sommes que la passion du jeu entraî-
nerait les étrangers à venir dépenser dans notre pays.
Que d'industries y trouveraient leur compte et des facilités pour payer les lourdes taxes qui les accablent !

Et, dans cette chasse à l'impôt à laquelle est condamné le gouvernement, croit-on qu'il ne rencontre-
rait pas là matière à se garnir les poches? Pas de bégueulerie, s'il vous plaît ! Le gouvernement, je l'ai dit,
sanctionne la passion du jeu en prélevant des taxes sur
les cartes à jouer. Il s'est bien gardé d'en interdire la
vente, sachant bien que ce serait inutile d'abord, parce
que l'on en vendrait le triple en contrebande, et puis,
que l'argent provenant de la vente des cartes était assez
bon à prendre. Il a doublé l'impôt, non pour arrêter ce
commerce dit immoral, mais avec la conviction que
l'impôt serait simplement deux fois productif. Le gouvernement, sans avoir donc la pensée d'encourager le
jeu, ne rougit pas d'en profiter. Que ce soit sous une
forme ou sous une autre, sous la forme de l'impôt des
cartes, comme présentement, ou sous la forme de redevance que lui payeront les maisons de jeu, il doit lui
importer fort peu au fond. C'est toujours une passion
humaine qu'il exploite : d'un côté, en favorisant toute
sa brutalité ; de l'autre, en l'endiguant, au contraire.

*
**

Le gouvernement est-il responsable des cas d'ivresse
qui déshonorent la consommation bienfaisante du vin?

Parce qu'il y a des ivrognes, le gouvernement se dispense-t-il de prélever des impôts sur les vins, sur les alcools, sur les limonadiers, sur les cabaretiers? Loin de là; seulement il surveille les cabaretiers et les limonadiers. Mais, comme dans les tripots de jeu, les Cercles, les délits commis par ceux-là lui échappent le plus souvent.

Le gouvernement songe-t-il à interdire l'usage du tabac, que certains médecins déclarent plus pernicieux encore à l'humanité que le jeu? Le gouvernement, au contraire, encourage la consommation du tabac, qui est une des plus riches ressources de son budget; il ne s'inquiète pas des abus.

Le gouvernement s'imagine-t-il d'empêcher les gens de se ruiner en chevaux, en luxe de tout genre? Non : il encourage le luxe et la passion des chevaux, parce qu'il y trouve son profit. Tant pis pour qui se ruine !

Si, comme on l'a dit, la loi est athée, les gouvernements sont forcément sceptiques, peut-être même cyniques, à l'endroit des vices et des passions, pourvu qu'ils en tirent les ressources qui constituent leurs budgets. Ils seraient criminels d'encourager les vices et les passions; ils seraient criminels de répudier la morale : mais ils ne sont pas aptes, sous la préoccupation de l'excès qui en peut résulter, à supprimer les passions, les besoins et les goûts qui sont de l'essence humaine.

*
* *

Donc, il n'y a ni impudeur ni immoralité à rétablir les jeux et les loteries, puisqu'on n'en peut supprimer la passion. Il y a avantage même pour la morale et pour le bon ordre public à le faire, puisque le gouvernement tolère tous les jours la loterie sous des formes légales, et qu'il est impuissant, dans l'état des choses, à prévenir les excès du jeu, quand il a, au contraire, entre les mains le plus simple des moyens pour les réprimer.

Encore quelques mots, et j'en aurai fini sur ce sujet.

III.

J'ai parlé des sommes que le rétablissement des jeux devait jeter dans la circulation en amenant au milieu de nous l'affluence des étrangers. J'ai estimé cette somme de deux cent cinquante à trois cents millions annuellement, et je ne crois pas avoir rien exagéré. A cette aubaine, il faut ajouter l'or français qui n'ira plus alimenter les caisses de l'étranger. Nous recevrons et nous ne donnerons plus.

Ces résultats se peuvent aisément apprécier.

Les statistiques que j'ai sous les yeux évaluent à une moyenne de soixante millions par an les sommes réalisées dans les six stations balnéaires de l'Allemagne, depuis que la suppression des jeux en France a fait affluer dans ces parages fort recherchés, non pas seulement des joueurs qui s'y viennent livrer à leur passion, mais encore de toute l'aristocratie européenne, même des Souverains et des Altesses de toutes les cours, qui ne dédaignent pas la fréquentation des salons du trente-et-quarante et de la roulette.

En multipliant ces soixante millions par les trente-trois années qui nous séparent de la suppression totale des jeux en France, nous arrivons au chiffre de deux milliards cent millions, dont nos compatriotes ont fourni un bon contingent. Rattraper ce contingent en le faisant payer par les étrangers et en empêchant l'émigration de notre argent, ne serait pas, ce nous semble, une si grande maladresse.

*
* *

Il y a dans cette spéculation, dont le Trésor ne pourrait pas se plaindre, des avantages qu'il n'est pas sans importance de faire ressortir.

Tous les grands établissements d'Allemagne se sont montés sur un pied de comfort et de luxe que nécessairement il faudrait atteindre pour se mettre à leur niveau et entrer avec eux en rivalité. Voit-on d'ici quelles dépenses les entrepreneurs de ces stations balnéaires, de ces casinos, seront obligés de faire? que de millions ils seront obligés de tirer de leur poche avant même de demander un écu à leurs visiteurs! et conséquemment que d'industries et de travailleurs, d'artistes même, profiteront de ces constructions, qui auront besoin d'être grandioses pour rivaliser avec leurs concurrents de l'Allemagne et des autres parties de l'Europe !

Je ferai remarquer, chemin faisant, qu'il ne faut point objecter l'accès de morale qu'a éprouvé l'Allemagne, en déclarant la suppression des établissements de jeu de Bade, de Wiesbaden, d'Ems, de Hombourg, etc.

L'Allemagne aurait voulu les supprimer en effet. Mais, dit le proverbe, la nuit porte conseil; et la Prusse, qui, bien entendu, mène cette affaire allemande des jeux, comme toutes les autres affaires allemandes, la Prusse s'est ravisée; elle a calculé, — car elle sait calculer, — et M. de Bismarck a trouvé bien certainement des arguments irrésistibles pour les scrupules de la pieuse impératrice Augusta.

Le premier de ces arguments est que la France pouvant rétablir les jeux chez elle, il allait s'ensuivre un dommage considérable pour l'Allemagne.

Si nous sommes assez timides ici pour ne pas tenir compte d'un encaissement à peu près assuré de deux cent cinquante à trois cents millions provenant de l'immigration des étrangers chez nous durant l'année entière, M. de Bismarck, lui, trouve très-bons à prendre les soixante millions au *minimum* que ces étrangers de tous les coins du monde, y compris la France, mettent en circulation dans quelques villes de l'Allemagne.

Le second argument que M. de Bismarck a dû mettre

en avant est absolument de l'ordre économique. Supprimer les jeux à Bade, à Wiesbaden et ailleurs, c'était supprimer en même temps ces villes d'eaux ; c'était faire le désert à la place de la vie, substituer la médiocrité et peut-être la gêne à la prospérité et à la richesse.

D'autres arguments sans doute ont été mis en œuvre, et M. de Bismarck a commencé par décider que les établissements de jeux pourraient, pendant une année encore, exploiter leur industrie.

*
* *

C'est là tout simplement une façon, comme on dit, de voir venir les événements.

Si la France rétablit les jeux, M. de Bismarck les conservera en Allemagne, afin de drainer au profit de celle-ci au moins une part de l'or que les touristes sèment sur leur passage.

Si, au contraire, la France se décidait à ne pas vouloir rétablir les jeux, M. de Bismarck s'en autoriserait d'autant plus pour les maintenir en Allemagne, qui absorbera tous les millions, à commencer par ceux de la France, qui vont se dépenser au delà de nos frontières.

La question est donc celle-ci :

Faut-il nous occuper de faire entrer dans la circulation du pays trois cents millions d'or et d'argent étrangers ?

Ou bien est-il préférable que nous laissions à l'Allemagne, à qui nous en donnons déjà tant, l'avantage d'absorber une soixantaine de millions, dont quelques-uns, ne le perdons pas de vue, sortent de nos bourses?

C'est à peser.

*\
* *

Et quand je parle de millions français qui s'en vont tous les ans à l'étranger, à cette unique fin de satisfaire une passion que la loi est impuissante à refréner, que la religion elle-même, si haute que soit son autorité, ne saurait supprimer du cœur humain; — quand je parle, dis-je, de ces millions et de cette passion, j'en oublie de ceux-là qui trouvent dans la satisfaction d'une autre passion encore non moins résistante que celle du jeu, un moyen d'émigrer de chez nous : je veux parler de la loterie.

Ici encore, j'ai des chiffres éloquents à opposer à la morale, que je voudrais bien voir triomphante, mais que je suis obligé de prendre à l'état où je l'ai trouvée. La passion de l'aléa est aussi indestructible dans le cœur humain que la passion du jeu.

Ne nous dissimulons pas que tous les emprunts à prime ne sont que la mise en œuvre de la loterie, sur une échelle plus ou moins vaste, aussi bien que les remboursements des obligations à un prix supérieur à leur émission. Ce sont ces sortes d'emprunts et d'obligations qui se placent avec le plus d'entrain. Le gouvernement français les autorise, les grandes villes les pratiquent, les grandes sociétés de finances et d'indus-

trie en usent largement. Satisfaction officielle est donc
donnée dans des conditions particulières de la passion
de la loterie, sans profit du gouvernement; ce qui est
tout simplement une naïveté.

*
* *

En même temps que les jeux, il y a donc convenance
à rétablir la loterie, qui nous prélève, comme les casinos d'Allemagne et d'ailleurs, des sommes considérables transportées à l'étranger.

Sait-on à quel chiffre s'est élevé l'embargo mis sur
les titres de loteries allemandes expédiés en France? Un
milliard de francs! Qu'on juge par là des quantités de
ces mêmes titres qui ont pu passer nos frontières et
ont raflé nos écus.

Telle est, d'ailleurs, la puissance de cette passion de
l'aléa : en même temps que l'on ouvrait en France une
souscription publique en faveur des ouvriers, lors de la
crise cotonnière, souscription qui atteignait à peine
200,000 francs, le Monténégro émettait une loterie à
25 centimes le billet, et dont le produit était destiné à
acheter des armes pour la réorganisation de l'armée nationale. Cette loterie produisait sept millions de francs.
Parmi ces millions, on comptait certainement plus d'un
petit écu français qui avait délaissé nos pauvres ouvriers
mourant de faim devant les usines en chômage, pour
aller courir la chance d'un gros lot à la loterie monté-
négrine.

Maintenant, si le gouvernement français se décide à rétablir les jeux, qu'il en tire non-seulement des ressources pour lui, mais encore de grosses redevances pour les pauvres, pour les établissements de bienfaisance, etc., rien de mieux. La morale s'en accommoderait fort.

J'ai dit sur ce sujet, non pas sans doute tout ce qu'il y avait à en dire, mais tout ce que j'en pouvais dire pour démontrer l'opportunité du rétablissement des jeux et de la loterie.

XAVIER EYMA.

LETTRES SUR LE RÉTABLISSEMENT DES JEUX.

I.

Au rédacteur en chef de la CLOCHE.

Paris, 18 février.

Monsieur,

J'ai lu dernièrement dans votre journal que les Allemands s'alarmaient du rétablissement possible des jeux en France. Je me suis mis alors, en bon patriote, à étudier la question, et je vous demande la permission de vous confier le résultat de mes études.

Les Prussiens ont raison. Ils ont balafré la France, mais ils ne l'ont ni tuée, ni enlaidie, et si malgré ses désastres elle ajoute au charme naturel de ses villes d'eaux, de ses bains de mer, la séduction des fêtes, des courses de chevaux, des maisons de jeu, les étrangers nous rendront bien vite l'argent que nous donnons aux Prussiens.

Or, la Prusse tient à s'enrichir, mais tient surtout à nous ruiner. Quelle déception pour ce vainqueur brutal si nous effaçons vite les souillures qu'il nous a laissées; si le lendemain d'une catastrophe épouvantable, notre génie hospitalier fait accueil à l'Europe entière; si, pour multiplier les écoles, nous multiplions les lieux de plaisir; si, pour payer notre rançon et acheter des armes, nous prélevons un tribut sur le luxe et nous

faisons servir nos vices eux-mêmes à notre régénération!

On cherche partout des impôts, mais le sol n'en
peut plus porter, l'industrie s'effraye de ceux qui la me-
nacent.

En voilà un facile, abondant, qui ne touche qu'aux
heureux, aux oisifs, aux oublieux, aux inutiles et aux
sots. Quelle moisson!

Mais la morale! Si l'on rouvre les maisons de jeu,
tous les vices dont il paraît que nous étions guéris et
préservés ne vont-ils pas s'échapper et se répandre
comme de la boîte de Pandore? A quoi nous servirait
de refouler l'ennemi, de nous redresser plus fiers devant lui, si nous ne faisions que changer de vainqueurs,
et si nous subissions dans nos consciences un joug
plus dégradant que celui de la force, une défaite plus
honteuse que celle des armes!

Je sais bien que nous sommes un peuple délicat sur
ces matières. La suppression des jeux nous avait absolument purifiés. Depuis 1836, la France n'eut plus que
des amusements de haut goût; on ne s'enrichissait que
par des moyens honnêtes; on ne pariait plus sur le hasard. La Bourse était bien le temple de Minerve; tous
les jours des hommes pieux allaient faire là leurs dévo-
tions à la probité commerciale, à la prudence, et le
soir, afin de se distraire, ils se réunissaient dans des
Cercles pour ne jouer qu'aux jeux d'esprit. On n'enten-
dait plus parler de catastrophes, de ruines rapides, de
spéculations effrontées. Les fils de famille, il est vrai,
escomptaient leurs parents pour enrichir des drôlesses,
ce qui est un jeu plus moral que la roulette. On n'allait

pas au café, on ne s'hébétait pas par le cigare et l'absinthe ; on avait de la foi, des principes conservateurs ; on fournissait à la France la belle génération qui fait aujourd'hui son prestige guerrier, sa gloire politique, sa renommée littéraire. C'était l'ère d'innocence, pourquoi la changer ?

Rappelons-nous donc que quand Frascati était ouvert c'était l'époque du tumulte philosophique, intellectuel, du romantisme. Les mauvais sujets qui allaient perdre quelques louis dans ces lieux abominables, sortaient de là pour siffler Polignac et faire la révolution de 1830.

Frédérick Lemaître fut le Pierre l'Hermite de la croisade contre le jeu. Le drame de *Trente ans ou la vie d'un joueur* terrifia les puritains de la Chambre des députés, et M. Eusèbe Salverte, en s'écriant que la *législature de 1836 avait bien mérité du pays*, se rappelait l'anathème lancé par l'acteur Moëssard dans la pièce en question : *Les destinées du joueur sont écrites sur les portes de l'enfer.*

Il faut donc ne pas avoir peur de l'enfer pour oser parler de rouvrir les maisons de jeu. Je ne serais pas fâché d'essayer un peu de la corruption qui a fait fleurir la première moitié de ce siècle, quand je vois sous quels rayons de vertu s'étiole la seconde moitié.

Certes, l'honneur de la France doit passer avant sa délivrance. Les questions de dignité nationale, de moralité publique et privée doivent être examinées avec autant de soin que les questions d'utilité financière Mais si nous n'avons à braver que des préjugés, que des hypocrisies, pourquoi hésiterions-nous à soutenir, le front haut, un projet qui vaudrait mieux que l'impôt sur les matières premières, puisqu'il serait l'impôt sur le superflu?

Un journal s'étonnait hier qu'on parlât de rétablir les jeux sous la République. Si la réglementation des jeux est un progrès, comme je prétends le démontrer, pourquoi donc la République ne serait-elle pas fière de l'inaugurer?

II.

Si l'on peut supprimer le besoin du jeu, on fait bien d'interdire l'ouverture des établissements qui l'alimentent. Mais si l'on ne peut arracher du fond de la conscience humaine cette recherche d'émotions, cette ardeur de l'inconnu, cette vocation des aventures hasardeuses, vous conviendrez que la sagesse sociale consiste alors, non pas à défendre, mais à surveiller cette passion.

Nul n'oserait dire qu'on peut, à force de sagesse ou d'illusion, étouffer ou leurrer toujours cette inquiétude de l'homme qui le pousse à jouer. Le commerce, l'industrie, les voyages, la politique, la guerre, l'amour, sont des jeux sérieux dont on ne se repose que par des jeux de fantaisie; il est aussi impossible de laisser toujours sans emploi les facultés d'adresse, de ruse, de témérité, qu'il est difficile, quand on les a lancées une fois vers un but, de ne pas les distraire par intervalles de ce but unique.

Sans doute, un joueur effréné est aussi odieux qu'un diplomate sans morale, qu'un négociant trop ardent au bénéfice, qu'un soldat qui se bat pour l'amour de la bataille, qu'un amoureux inépuisable ou un buveur insatiable. Mais parce qu'il y a des brelandiers ignobles, des coquins, des soudards et des ivrognes, osera-t-on nier les qualités nécessaires à un homme d'État, les mérites du négoce, les vertus de renoncement et de sacrifice qu'exige le métier des armes, et supprimera-t-on l'amour, la gloire militaire et le vin?

Lamartine disait une fois : « Un joueur est la moitié d'un héros! » — Le mot était rigoureusement vrai. Tant pis pour les héros, et tant mieux pour les joueurs.

Je n'irai pas jusqu'à prétendre que la France a perdu sensiblement le goût de l'héroïsme depuis que le jeu est devenu une passion clandestine et suspecte; mais je dirai avec conviction que le caractère du joueur français a considérablement baissé depuis que les tripots se sont substitués aux établissements publics, et depuis que les grecs ont pu tenir les cartes.

Sait-on combien il y a, à l'heure où j'écris, dans Paris, de bouges ténébreux où l'ouvrier honnête est attiré, dépouillé, flétri par des accointances avec les voleurs et les prostituées? *Deux mille.*

Sait-on dans combien de boudoirs les femmes galantes placent une table avec un tapis vert entre leur porte et leur alcôve? Dans *trois mille* à peu près. La police ne peut arriver à une statistique exacte; et nous avons par des procès, par des enquêtes, le secret de quelques-uns des drames épouvantables qui se nouent et se dénouent dans ces tripots doublement dangereux.

7.

Une nuit, une de ces sirènes, après avoir vidé les poches d'un malheureux jeune homme, lui fait souscrire des billets pour un chiffre fabuleux, et l'étourdi devient faussaire, afin de satisfaire plus librement à ce qu'il croit une dette d'honneur.

On parle des coups de pistolet qui, à de très-longs intervalles, une fois en dix ans tout au plus, ont retenti dans la forêt de Bade.

Mais pourquoi ne parle-t-on jamais de ces familles ruinées, de ces pères désespérés par des fréquentations auxquelles il est impossible d'arracher les jeunes gens fascinés par le théâtre, par l'élégance, par la beauté, par la vanité ?

On joue dans les cafés, et les Cercles, qui sont au nombre de plus de *trois cents,* peuvent pour la plupart être compris parmi les tripots élégants. On en exclut les grecs autant qu'on le peut, c'est-à-dire autant de fois qu'on les reconnaît; mais l'entraînement, que rien ne limite, ne supplée-t-il pas à l'excitation des joueurs suspects ? Quand un jeune homme peut perdre cent mille francs dans un coup de lansquenet, a-t-il besoin qu'un drôle le triche ? Il est sa propre dupe.

Ce mal, qui n'existait pas à ce degré avant l'abolition, c'est-à-dire pendant la réglementation des jeux, peut-on l'extirper, le guérir ? Non. J'ajoute même qu'on l'a exploité, et que les caisses publiques, dont on va vanter sans doute la virginité, à propos de la question qui s'agite, se sont alimentées, sous Louis-Philippe, sous la République de 1848 et sous l'Empire, de toutes les loteries, de tous les jeux du hasard que la spéculation a pu inventer.

On sent si bien qu'il est impossible de tarir la passion du jeu, qu'on l'a surexcitée toutes les fois qu'il a fallu des ressources extraordinaires, et que la loterie sous toutes ses formes est venue avec brevet de l'État et bénédiction de l'Église tenter la convoitise et corrompre la passion du peuple.

Oui, certes, le joueur qui va jeter un louis sur la table d'un établissement public soulage sa curiosité, sa fantaisie; il veut une émotion, et la perte la lui donne aussi bien que le gain. Mais quand on le fait jouer malgré lui, sans lui assigner d'autre base que la possession d'un *lingot d'or,* d'une fortune féerique, d'un grot lot qui le dispense de travail, on tue ce qui restait de chevaleresque, d'un peu fier dans sa passion : on en fait un adorateur du sac d'écus, bêtement, uniquement.

Voilà pourquoi toutes ces loteries, même celle *des enfants pauvres,* même la loterie de Toulouse, sont des moyens grossiers de satisfaire un besoin du cœur qu'il s'agit de moraliser, en le réglant et en le surveillant.

Je voudrais bien les entendre à la tribune, ces moralistes qui se récrient contre le jeu, et qui demain, pour payer les Prussiens, consentiront à un emprunt que le patriotisme ne souscrira qu'à la condition d'un gros lot!

Voilà ce qu'a produit la suppression des jeux! Je défie bien qu'on cite une vertu conquise, un bienfait social obtenu, un élan donné à notre génie national! Je n'ai parlé que des hypocrites qui, malgré toutes nos lois et avec la complicité de nos lois, ont joué et jouent en France. Est-il besoin de parler des riches et des oisifs qui ont été enrichir Bade, Hombourg, Wiesbaden et Spa de leur offrande prodigieuse dont ils privaient la France.

Je parle des *riches;* mais les pauvres qui ne peuvent voyager font venir à eux la chance, et l'on a calculé qu'il était entré à peu près pour *deux milliards* de billets de loteries étrangères en France depuis que la loterie est interdite aux Français. Remarquez que ces deux milliards entrés en papier sont sortis en espèces, et sans revenir jamais.

Dupe de sa fausse morale au point de vue des mœurs, la France en est encore dupe au point de vue économique. Or, précisément, nous avons besoin aujourd'hui de nous tromper le moins possible en morale et d'avoir raison en économie.

Voilà pourquoi il s'agit d'examiner l'utilité du rétablissement des jeux.

GEORGES V...

LE BIEN PUBLIC.

LA VEILLE ET LE LENDEMAIN.

La question des jeux a des aspects différents, paraît-il, selon qu'on l'envisage des différents côtés du Rhin. Erreur en deçà des Pyrénées, vérité au delà, a dit Pascal. L'opinion publique en France devient de plus en plus favorable à une solution qui réglementerait le jeu et l'arracherait aux chevaliers d'industrie et aux *grecs*, tout en ajoutant des millions à notre rançon. L'opinion publique en Allemagne se montre au contraire très-courroucée contre le rétablissement des jeux... en France. Ces naïfs Allemands s'alarment de voir détourné de son cours ce fleuve qui roule de l'or et qui portait à leurs villes d'eaux non point seulement le tribut des joueurs, mais le tribut de ceux qui viennent regarder jouer, de ces oisifs cosmopolites qui faisaient la fortune de Bade, d'Ems et de Hombourg.

Ce dépit n'a rien qui nous déplaise.

La question en elle-même est d'une limpidité de cristal. Deux choses sont en présence : un intérêt moral, un intérêt matériel considérable et qui, pour nous, a une exceptionnelle importance dans les circonstances actuelles.

Est-il vrai que la loi qui date de 1837 — qui conséquemment a été soumise à l'épreuve de l'expérimentation — ait supprimé la passion du jeu en France? Est-il vrai que cette loi ait effectivement empêché quelqu'un de se livrer à cette passion? Est-il vrai qu'il n'y ait pas partout des tripots, des Cercles, des cafés où l'on joue, où l'on perd, où l'on se ruine?

Tout homme de bonne foi répondra négativement à ces questions. Non! la loi de 1837 n'a pas supprimé la passion du jeu. Non! la loi n'empêche personne de se livrer à cette passion quand on en est possédé. Non! les tripots, les Cercles, les cafés ne manquent point où l'on joue, où l'on perd, où l'on se ruine.

L'intérêt moral est donc nul.

Est-il sage, est-il intelligent, est-il raisonnable de sacrifier à un intérêt moral qui n'existe pas un intérêt matériel énorme en tous temps, mais dont nos malheurs décuplent l'importance?

Tout homme de bonne foi répondra négativement encore.

. . . .

. . . .

. . . .

Grâce au ciel! dans les pétitions approuvées par les conseils municipaux, pétitions qui vont être prochainement discutées à la Chambre, il ne s'agit point de rétablir les maisons de jeu de l'ancien Palais-Royal.

. . . .

. . . .

. . . .

Il est question simplement d'autoriser les jeux dans certaines villes d'eaux françaises comme Vichy, Aix-les-Bains, Bagnères, Trouville, Cabourg, etc.

Rien n'est plus facile que la surveillance des casinos placés dans de pareilles conditions. Là pourront entrer seulement ceux qui justifieront qu'ils appartiennent aux classes élevées de la société — c'est-à-dire aux classes qui doivent donner l'exemple — ceux qui prouveront qu'ils ont reçu une éducation assez complète pour être conscients de leurs vices.

Jouera-t-on plus? je n'en sais rien. Jouera-t-on moins? je n'ose l'espérer. En tout cas, l'or des joueurs profitera à la France au lieu d'aller enrichir l'Allemagne. L'or qui sortait de France y restera, l'or qui n'y entrait pas y entrera. Or impur! dira-t-on. Le fumier qui féconde la terre et fait pousser les fleurs odorantes est-il donc d'essence si délicate? Est-il, parmi nos impôts mêmes, beaucoup d'impôts aussi moraux que l'impôt sur le jeu? L'absinthe qui rend fou, le tabac qui abrutit, ne produisent-ils pas des revenus que l'État encaisse sans scrupule et augmente sans remords? Le personnage de don Quichotte ne nous a pas porté bonheur au dehors, le rôle de Grandisson ne nous sied guère mieux au dedans, puisque nous n'avons pas même réussi à nous améliorer nous-mêmes. Fermons au chapitre des dépenses la rubrique : *roman*, et ouvrons au chapitre des recettes la rubrique : *réalité!*

ÉDOUARD DRUMONT.

LA GAZETTE DE PARIS.

LES JEUX.

La question des jeux continue de préoccuper l'Allemagne — et les organes d'outre-Rhin n'hésitent pas à jeter le cri d'alarme à propos des efforts tentés en ce moment pour rétablir les jeux dans quelques stations françaises.

Ils considèrent cette mesure, si elle était adoptée par le gouvernement de Versailles, comme mortelle aux établissements de Bade, d'Ems, de Wiesbaden, de Hombourg, etc., qui, réduits à leur seul mérite de stations thermales et privés de l'immense attraction du trente-et-quarante, ne pourraient plus lutter avec Aix-les-Bains, Vichy, les Pyrénées, du moment que ces localités, déjà célèbres par elles-mêmes, viendraient ajouter à tous leurs avantages celui d'assurer aux désœuvrés du monde entier les distractions que les villes allemandes ne pourraient plus leur offrir.

Les esprits éclairés et surtout pratiques — il s'en rencontre là-bas — n'hésitent pas à considérer cette éventualité comme un des plus grands malheurs qu'aura causés la conquête de l'Allemagne par la Prusse.

On parle d'une action des plus sérieuses qui serait tentée auprès du gouvernement impérial dans le but de lui faire envisager les conséquences du faux point de vue où il se place en voulant appliquer à l'Allemagne entière les lois étroites du rigorisme prussien, et l'on espère encore le faire revenir à une plus saine appréciation des choses.

Mais il ne faut pas connaître l'absolutisme têtu et tout d'une pièce du tempérament prussien pour croire que ces tentatives puissent avoir la moindre influence sur les décisions de S. M. Guillaume.

En attendant, l'idée du rétablissement des jeux en France fait un chemin rapide et s'empare de plus en plus de tous ceux qui, voulant hâter la libération du territoire, cherchent en même temps les moyens les plus propres à épargner les intérêts du consommateur et ceux non moins dignes d'attention de la production nationale.

Cette question se lie, en ce moment, à toutes celles d'où dépendent la fortune et la vitalité de la France — et on ne saurait douter qu'elle ne soit prochainement portée à la tribune de Versailles par les voix les plus éloquentes et les plus autorisées.

Nous comptons traiter à fond, dans la *Gazette de Paris*, la thèse politique et financière que soulève cette question — et c'est avec la plus complète impartialité que nous placerons sous les yeux du public toutes les pièces du procès entamé dès lors entre les intérêts immédiats du pays et les préjugés d'une morale qui ne répond ni aux besoins conservateurs, ni même, ainsi que nous le démontrerons facilement, aux véritables tendances de la philosophie sociale.

X. DE VILLARCEAUX.

LE CHRONIQUEUR.

DU RÉTABLISSEMENT DES JEUX EN FRANCE.

. . . .
. . . .

Vivant en Allemagne déjà depuis longtemps, j'y ai vu de pauvres bourgs devenir, grâce au plaisir du jeu contre lequel la morale n'a vraisemblablement pas encore rompu toutes ses lances, des villes charmantes aux rues bien alignées, éclairées au gaz, s'embellissant d'année en année de squares, de théâtres, d'églises, d'hôpitaux, de casernes, de riches hôtels, de chalets élégants, de villas splendides. Dans ces villes, l'ouvrier n'est jamais sans travail, et comme l'argent y abonde, la rémunération y est généreuse et y crée le bien-être du travailleur. Les habitants n'y jouent jamais ; car le jeu, qui a reçu pour mission de leur procurer l'aisance, ou même parfois la richesse, a dû par contre se voir interdire le droit de les appauvrir.

Et n'allez pas croire que la moralité soit en baisse dans ces localités où l'élément étranger abonde, et permet aux administrateurs des banques, dispensateurs de la rosée d'or, de fournir aux indigènes une foule de plaisirs gratuits, ou permanents, ou souvent renouvelés ; il serait difficile de citer en Allemagne, où tout se passe avec ordre, avec décence, sans bruit et sans emportement, des populations plus rangées et plus calmes que les populations de Wiesbaden, de Bade et de Hombourg.

Si les bruits qui circulent sont exacts, il paraîtrait que nos législateurs de Versailles comprennent enfin que leurs devanciers de 1836, auteurs de la loi suppressive des jeux publics en France, firent tout bonnement une sottise, tout en se persuadant à eux-mêmes, sans aucun doute, qu'ils venaient de bien mériter de la morale, en lui remettant une arme dont il ne tiendrait qu'à elle de bien se servir.

Eh bien ! n'est-ce pas que nos vertus ont progressé depuis ce temps-là ? N'est-ce pas que nous protégeons mieux nos frontières ? N'est-ce pas que notre courage civique ne faiblit plus devant l'émeute ?

O législateurs de 1836, convenez donc franchement, aujourd'hui que vous êtes tous de sens rassis et que vos têtes branlantes sous vos perruques faux-printemps peuvent comparer froidement les époques antérieures ou postérieures à votre loi sur les jeux, convenez, dis-je, qu'il eût mieux valu pour tout le monde laisser gambader la roulette à Frascati ou au 113, et bâillonner la liberté malsaine de se griser d'alcool au coin des rues, et d'aller apprendre dans les clubs que Dieu et Patrie ont fait leur temps.

La loi suppressive des jeux n'a rien supprimé du tout ; seulement, et surtout dans les cercles aristocratiques, et même un peu partout, on a joué plus gros et plus longtemps, en dehors de toute surveillance et de toute protection.

Or, comme toute loi est vaine et mérite d'être supprimée, lorsqu'elle ne protége pas les intérêts pour la sauvegarde desquels elle a été faite, lorsque au contraire elle les compromet d'une manière plus grave, il n'était que temps de revenir sur une législation dont les résultats sont illusoires et dangereux.

Et puis, nous manquons d'argent : c'est le cas, plus que jamais, de battre monnaie sur nos péchés mignons. Imposez fortement les jeux, personne ne réclamera.

. . . .

A. M. DE PIS.

LE XIX° SIÈCLE.

LES MAISONS DE JEU.

C'est une question que je vois, depuis tantôt une
douzaine d'années, revenir avec la régularité du printemps, vers les premiers jours du mois d'avril. Elle
pousse avec les premières feuilles, et disparaît avec les
hirondelles.

Je ne l'avais guère considérée jusqu'à ce jour que
comme un joli thème à discussion, comme un prétexte
à variations brillantes. Quelle apparence que le gouvernement rétablît jamais les maisons de jeu! Les préjugés qui s'élevaient contre cette institution étaient si
forts, ils semblaient d'ailleurs appuyés de raisons si
puissantes, que ce n'eût vraiment pas été la peine de
heurter le sentiment public pour un si mince bénéfice.

La chose aujourd'hui paraît sérieuse. De tous côtés,
des compagnies sont en instance pour obtenir du
pouvoir actuel des concessions, et s'engagent, en retour, à payer des millions soit à l'État, soit aux hospices, soit à la commune où sera établie la maison de
jeu autorisée.

Les avocats de cette cause sont nombreux, et il n'est
guère de matins où l'on ne puisse lire à ce propos un
article qui conclut à l'adoption de la mesure qui réta-
blirait les jeux en France.

Et le public, que pense-t-il de cette campagne? quelle opinion a-t-il sur la question?

Je puis me tromper, mais il me semble que le public n'est pas convaincu. Je parle de la bonne et saine bourgeoisie. Elle sent la force des raisons qu'on lui donne; et cependant il y a toujours en elle comme un sentiment de révolte intérieure; c'est la conscience qui gronde tout bas : on a beau lui répéter le mot de l'empereur romain, qui disait que l'argent n'a pas d'odeur, elle ne saurait se tenir de penser que l'argent prélevé sur une passion mauvaise est fâcheux à recevoir, et que tout impôt mis sur l'immoralité a quelque chose d'immoral.

Ces sentiments font honneur à la nation, et il serait très-fâcheux que sur une question aussi délicate elle n'eût pas de ces appréhensions et de ces scrupules. J'entends souvent dire, par les philosophes assermentés, cette sottise de collége, que la morale est la même dans tous les temps et dans tous les lieux, et que la conscience humaine n'a jamais varié sur cette terre.

La morale n'est pas un instinct, c'est une science, tout comme la chimie et la physique. Elle a ses moments d'éclipse et ses retours; elle fait des progrès continus, grâce aux efforts incessants des moralistes, qui, par de nouveaux réactifs, analysent chaque jour plus profondément les passions humaines, qui arrivent à isoler la tache verte et la mettent à nu sous les yeux des juges.

Qui ne sait qu'en nous renfermant même dans cette question du jour, la morale a gagné énormément de terrain depuis deux siècles? Nous sommes loin du temps

où le comte de Grammont trouvait plaisant de jouer
avec des cartes pipées; où M. Toutabar, vicomte de la
Case, proposait froidement à un gentilhomme de lui
apprendre à corriger l'injustice d'un dé.

Tricher en ce temps-là n'était pas voler : c'était une
espièglerie aimable. Il n'y a plus guère que les femmes
qui se la permettent aujourd'hui, et encore n'est-ce
qu'en riant et dans des sociétés où l'on ne joue pas un
jeu sérieux. Partout ailleurs, un grec est considéré
comme le pire des voleurs, parce qu'il se donne l'air
d'un honnête homme, et qu'il joint au tort d'être un
fripon l'infamie d'être un hypocrite.

C'est là, à coup sûr, un progrès de la morale.

Un autre s'est fait, moins nettement défini, je l'avoue,
et plus contestable, mais qui, je crois, est réel. C'est
que la passion du jeu excite plus de défiance et de mé-
pris qu'elle ne le faisait autrefois. Vous entendrez bien
des déclamations sur notre perversité; soyez sûrs
qu'elle n'est rien en comparaison de la fureur de nos
aïeux. On vous parle des Cercles; ah ! si vous lisiez les
Mémoires du grand siècle ! C'était bien une autre
affaire, en vérité !

La Bruyère pouvait dire, en ce temps-là, qu'il n'y avait
qu'une chose qui tirât vraiment un homme de pair et
lui donnât beaucoup de considération : c'était le grand
jeu. Est-ce qu'à présent, quand on vous cite un homme
qui risque cent mille francs sur un coup de cartes, vous
vous sentez pour lui une bien vive estime? De l'étonne-
ment, peut-être, et cette sorte d'admiration badaude
qui s'attache aux hasards gaillardement affrontés; mais

8

lui donneriez-vous votre fille ? moins que cela : lui ser-reriez-vous la main sans quelque appréhension ?

Si vous sentez au fond de vous s'élever comme une vapeur de méfiance, c'est que de nouvelles façons de voir sont nées, qui n'existaient pas au temps où vivait la Bruyère. Le jeu vous inspire plus de crainte, sinon plus d'horreur.

Et la meilleure preuve, c'est la suppression qu'on a été obligé de faire des maisons de jeu, il y a quarante ou cinquante ans. Le gouvernement n'a pas de lui-même pris cette résolution. Il a cédé au cri public. Oui, c'est l'honnêteté bourgeoise qui s'était révoltée contre la loterie tout aussi bien que contre le 113 ; tout bien mal acquis brûle les doigts, et elle avait repoussé un impôt qui lui semblait immoral.

Le malheur, c'est qu'à ce compte il faudrait supprimer bien d'autres impôts. Car parmi ceux qu'on appelle indirects, il y en a bon nombre qui ne sont établis que sur des passions, et des passions fâcheuses. Le tabac aide l'homme à perdre son temps en rêveries inutiles ; il n'en fournit pas moins cent millions, que l'État accepte de très-grand cœur. L'alcool abrutit ceux qui le boivent, et le gouvernement tire du goût de la nation pour les liqueurs fortes des sommes considérables. On voit où cette énumération pourrait nous mener.

C'est que la fonction d'un gouvernement n'est pas d'extirper, ni même de corriger les passions de l'homme ; il laisse ce soin à la religion, qui s'en acquitte comme elle peut. Pour lui, il n'a qu'un but, qui est de les rendre le moins nuisibles qu'il se peut, et de les tourner, s'il est possible, au profit de la chose publique.

La question réduite à ces termes n'est donc plus de savoir si le jeu est immoral; là-dessus tout le monde est d'accord ou à peu près; mais bien s'il est utile à la société qu'il soit réglé et imposé.

On n'espère pas sans doute arracher de ce monde la passion du jeu. Alors même que l'État feindrait de l'ignorer, il est clair qu'elle se répandrait, tantôt à front découvert, le plus souvent par des voies souterraines, dans tous les endroits où elle trouverait à se satisfaire. Et c'est en effet ce qui arrive. On a beau la poursuivre, la traquer et la punir, on n'en vient point à bout; elle se réfugie dans des bouges indignes, où elle est en proie aux voleurs et aux entremetteuses. Elle n'en est que plus hideuse pour être obligée de se cacher. Elle ressemble à tel autre vice, dont les effets seraient bien autrement désastreux qu'ils ne le sont, si la police n'avait pas composé avec lui, si elle ne lui avait pas ouvert des routes connues et surveillées.

Vaut-il mieux en agir de même avec le goût du jeu?

Je ne serais pas éloigné de le croire, en dépit du murmure secret de la conscience qui s'insurge. Qu'a-t-on gagné à priver les joueurs des maisons de tolérance publique, où leur argent était loyalement gagné par des croupiers à patente? Ils l'ont porté dans d'infâmes tripots, où on le leur filoutait; ou dans les villes d'eaux de la candide Allemagne, qui s'en est fait tout doucement des millions de revenus.

Puisqu'ils veulent absolument le perdre, autant vaut que ce soit chez nous et à notre profit. Il est vrai que les fontaines élevées sur une place publique invitent à se rafraîchir l'homme qui n'y pensait pas. C'est un inconvénient. Mais il est si facile de reléguer ces établissements de jeux dans les villes où peuvent seuls aller les riches ; de leur imposer la loi de n'ouvrir qu'à de certaines heures et de fermer leur porte à certaines catégories de personnes ! Ces précautions sont si aisées à prendre !

Il y aura des fous qui jetteront là leur fortune : mais je n'ai pas grand'pitié d'eux, car ils l'auraient engouffrée ailleurs. Et folie pour folie, ayons au moins le bon sens d'en profiter.

Je ne presserai jamais le gouvernement de résoudre cette question dans le sens où je vois qu'on le pousse. Mais il s'y déciderait que je n'y verrais, pour ma part, que peu d'inconvénients. Et l'avantage est assez grand pour que nous en tenions compte, nous surtout qui devons trois milliards.

S'il refuse, il fera bien ; il fera mieux, s'il accorde.

C'est un de ces cas où le pour et le contre se peuvent soutenir par des raisons excellentes.

FRANCISQUE SARCEY.

LE SPORT.

Êtes-vous pour le rétablissement des jeux? — Telle est la question à l'ordre du jour. On ne peut ouvrir un journal sans l'y trouver en vedette.

Ce n'est pas une question oiseuse; elle sort des entrailles mêmes des circonstances; elle se pose comme le corollaire de celle-ci : « Voulez-vous équilibrer le budget et pouvoir payer, à courte échéance, l'indemnité de guerre? »

Il y a des moralistes de papier, — comme les appelle Alphonse Karr, — qui se voilent la face devant cet impérieux point d'interrogation. « Miséricorde! gémissent-ils, restaurer la roulette, cette pieuvre au trente-six suçoirs! Faire refleurir le trente-et-quarante, ce monstre qui, dans les temps antiques, à ce que disent les légendes, a mis tant de fils de famille sur la paille! Ce serait l'abomination de la désolation! »

Qui se rappelle l'année 1836? En ce temps-là, un homme chauve, M. Salverte (Eusèbe), du haut de la tribune parlementaire, tonna vertueusement contre le jeu. Il dénonça Frascati comme une caverne; il montra du doigt le 113 du Palais-Royal comme un abrégé des horreurs de Babylone. « Messieurs, s'écria-t-il en terminant sa catilinaire, qu'après nous on puisse dire. La législature de 1836 a consommé la destruction de la loterie; elle a prononcé la destruction des jeux,

elle a bien mérité du pays! » A cette péroraison em-
phatique, la Chambre eut un frisson de vertu. Séance
tenante, elle vota la suppression des jeux. Frascati fut
fermé, le 113 vendit ses meubles. On se dit de tous
côtés : « Eh bien! à présent, respirons; Paris est rede-
venu vertueux. »

Vous savez ce qu'il advint. Paris se mit à jouer avec
plus de fureur que jamais. Du temps de la roulette et
du trente-et-quarante, on signalait des sinistres, assurément fort regrettables. Un ouvrier, le samedi soir,
allait dépenser sa semaine sur le tapis vert, au lieu de
rapporter du pain à la maison. Un clerc de notaire
jouait l'argent que son patron lui donnait à recouvrer.
Évidemment, c'étaient des désastres, mais de fort petits désastres, si on les compare à tout ce qu'on voit
dans nos murs depuis que les jeux sont prohibés.

Depuis trente-six ans, la Bourse plume des pigeons
par centaines de mille. Au jeu, à moins d'être origi-
naire de Béotie, on peut calculer d'avance combien de
chances on a pour soi, et combien contre soi. Mais à
la Bourse, c'est une autre chanson. Du reste, tout ce
qu'on peut dire d'édifiant à cet égard est un lieu commun
qu'il est presque naïf de rappeler, depuis que François
Ponsard a mis la question en alexandrins. Le 113 et
Frascati ne sont que berquinades à côté des chausse-
trapes de la Bourse. Et il n'y a pas que ça, puisqu'il
existe dans Paris cent endroits où l'on joue au baccarat, au lansquenet et à la bouillotte. Tel Cercle jouit
d'un droit. Tel club est autorisé. Et les loteries dites de
bienfaisance, et les paris mutuels, et les poules! Et les
maisons borgnes, et les tripots clandestins! On en

compte *cinq mille* dans la capitale du monde civilisé. Il
est vrai que la police, toujours vigilante, leur fait
bonne guerre. Pas de semaine qu'elle n'en ferme. Au-
rait-elle à en fermer, si l'ancien système existait encore? Sous ce rapport, les maisons permises font l'of-
fice de la vaccine, qui empêche le mal de se développer
en grand.

Ce n'est pas tout. Tout le long de l'année, les jeunes
gens de famille, aussitôt qu'ils ont un rouleau d'or à la
main, prennent le chemin de Bade, de Hombourg ou
de Monaco. S'ils ont tout à perdre, ne vaudrait-il pas
mieux que ce fût chez nous que chez l'étranger?

Donc la loi de 1836 n'a pas atteint son but. Elle a
modifié la législation, mais non les mœurs. Le rétablissement des jeux remédierait-il au mal? Sans aucun
doute. N'est-il pas prudent d'endiguer un fleuve afin
d'éviter les inondations? Ne vaut-il pas mieux utiliser
un torrent pour faire tourner des moulins, qui représentent la prospérité, la vie, la richesse, que de laisser
ses eaux vagabondes, improductives et dangereuses?

Au point de vue moral, la question est résolue. Au
point de vue financier, que donnerait la restauration
de la Ferme? Ce ne sont pas les termes de comparaison
qui nous manquent. Quand on abolit les jeux en
France, il figurait au budget un chapitre spécial pour
recettes provenant de cette source; la part du Trésor,
pour le prix du bail, s'élevait, à Paris seulement, à
cinquante et un millions cinq cent mille francs.

D'autre part, il est constant que les casinos d'Allemagne ont payé partout les dettes municipales, enrichi

les populations, et versé deux milliards cinq cents millions au Trésor public.

Il y a mieux. Les redevances que les jeux payeraient au Trésor n'auraient qu'une bien mince importance auprès des sommes énormes que le rétablissement de la Ferme amènerait chez nous. Comme le fait très-bien observer le *Moniteur universel*, ce sont de véritables flots d'or qui, depuis 1837, roulent en Allemagne, apportés par tous les joueurs opulents de l'Europe. Ce Pactole reprendrait bientôt le chemin de notre pays, et la somme qu'il déverserait sur la terre française peut, sans hyperbole, être évaluée à deux cents millions! Deux cents millions! Quel rêve, quand on songe que la France, écrasée sous la dette, n'a d'autre souci que de chercher de nouvelles sources d'impôt! Le rétablissement des jeux ne constituerait-il pas l'impôt le plus rationnel, celui qui pèserait le moins sur la masse des contribuables? Rien que de volontaire dans sa perception; il se présente comme la compensation d'un plaisir que l'opulence seule peut se procurer longtemps; il est basé sur le luxe, la mode, la passion, le désœuvrement; il met à contribution, non pas le travail utile qui enrichit la nation, mais l'oisiveté, la passion malsaine qu'il est trop juste de frapper, faute de pouvoir la supprimer.

Et puis... et puis... il nous faut *deux cent quarante-sept millions* pour combler le déficit de l'exercice qui s'ouvre! Il nous faut *trois milliards* pour solder la contribution de guerre et reconquérir notre indépendance! Cet argument patriotique prime tous les autres. Aussi nous espérons que l'Assemblée nationale fera

droit au vœu que dix conseils municipaux — celui
d'Aix-les-Bains en tête -- ont formulé, sous forme de
pétition, pour le rétablissement des jeux; et que le
jour où la question sera portée à la tribune, nos honorables, par un vote unanime, proclameront *d'utilité
publique* l'abrogation de la loi du 18 juillet 1836.

JEAN DE PARIS.

LA GAZETTE DE PARIS.

LA QUESTION FINANCIÈRE ET LES JEUX.

Lorsque les jeux furent supprimés en France, les sept établissements qui existaient à Paris rapportaient par an, tant au Trésor qu'à la Ville, une somme de plus de huit millions.

Nous n'avons pas sous les yeux le texte de la convention du dernier renouvellement des fermes allemandes, Ems, Wiesbaden, Hombourg et Bade ; mais nous croyons qu'elles étaient imposées pour environ trois millions de thalers, ou onze millions de francs.

Les compagnies qui demandent à s'établir maintenant dans les stations thermales françaises offrent du privilége seul une somme de cent millions, plus une redevance annuelle considérable, sans compter tous les millions qu'elles s'engagent à dépenser en palais pour ses fêtes.

***

On pourrait ainsi équilibrer le budget pendant deux ans sans avoir recours aux impôts qui suscitent la plus vive opposition, et dont l'établissement aurait pour conséquence la dénonciation du traité de com-

merce. Pendant ces deux années, les impôts déjà
votés se seraient assis, et l'on connaîtrait leur rende-
ment possible de façon à ne pas se tromper de cent cinquante millions dans les évaluations budgétaires,
comme il est advenu pour le budget de 1871.

En admettant qu'on en fît tout autre emploi, nous
aurions toujours à inscrire soit au budget, soit à l'amor-
tissement, une somme liquide de cent millions, et à
tous nos budgets ultérieurs, une annuité de plusieurs
millions.

* *
*

Mais ce n'est là que le côté fiscal de la question. Si
nous l'envisageons au point de vue financier, nous
reconnaîtrons que la masse de capital métallique remuée par les jeux est des plus considérables. C'est
surtout en raison de ce fait incontestable que les Allemands regrettent la décision qu'ils ont prise d'abolir
les banques de jeu. La contribution qu'ils percevaient
leur tient moins à cœur que ce flot d'or qui ruisselait
sur les tables de la roulette, et surtout à côté.

On peut remarquer, en effet, que les gros joueurs
sont en petit nombre, comme aussi les joueurs achar-
nés. La masse de ceux qui visitent les thermes ne
tentent la chance que par intervalles et dans des proportions fort modérées, de telle sorte que le jeu ne
figure guère que pour un tiers ou un quart dans leur
dépense totale. Combien de personnes même ne sont

attirées dans les villes de jeu que par les établissements de luxe, dont la construction est imposée aux
fermiers ou leur a paru un élément de succès, et n'ont
jamais risqué la plus petite mise!

Considéré sous cet aspect, le jeu est un des plus
puissants importateurs de métaux précieux.

*
* *

En France, d'ailleurs, les éléments de succès sont
plus nombreux qu'en Allemagne. La langue, connue
de tous les étrangers qui possèdent quelque éducation,
le caractère des habitants aptes à toutes les choses de
goût et de commerce, l'art décoratif et architectural
qui, dégénéré sous bien des rapports, semble avoir
conservé sa grâce et ses coquetteries pour les lieux de
réunion et de loisir, la douceur et le facile accès des
paysages même les plus pittoresques, font de nos stations thermales des séjours de prédilection pour l'étranger, à quelque nation qu'il appartienne.

*
* *

Supposons Enghien, par exemple, à un quart d'heure
de Paris par le chemin de fer, avec son lac, la forêt
de Montmorency, la Seine à proximité, et ses environs, Sannois, Orgemont, Saint-Leu, Ecouen : n'est-ce
pas une sorte de ville de rêves? Ajoutons que l'eau est

une eau sérieuse, douée de fortes vertus médicinales.
Que manque-t-il à ce charmant coin de terre? Que
d'être animé, que de joindre à ses attraits qui retiennent un charme qui attire.

La ville est trop petite? Les hôtels de Paris sont
tout près.

*
* *

Ceci est d'ailleurs l'affaire des concessionnaires, de
savoir choisir, entre tant d'endroits, celui qui réunit
le plus d'éléments de succès. Entre Enghien, Trouville, Bagnères, Vichy et Plombières, par exemple,
ils peuvent partager l'année de telle sorte que les in-
stincts vagabonds du touriste et les calculs superstitieux
du joueur soient également satisfaits. Dans tous les
cas, Paris retirera sa part de la dépense du voyage, et
la France verra refluer le métal, sorti à larges flots.

Il ne faut pas oublier que tant que nous aurons le
cours forcé, qui ne peut trouver son application au
jeu que pour les payements de la banque et non pour
la mise, ceux qui viendraient avec l'intention de tenter
le sort devraient se munir de monnaie, ou en acheter
ici à des industriels qui eux-mêmes en feraient venir
de l'étranger dans ce but.

*
* *

Le cours forcé n'est pas applicable à la mise, puisque
la mise n'est pas le payement d'une dette, mais la pro-

position d'un pari. Au contraire, quand la banque
paye, elle acquitte une dette, et le joueur heureux ne
se rappelle guère ce que c'est que le change. Quant
aux dépenses de séjour et de voyage, les plus importantes de beaucoup, tout le monde sait que la monnaie
la plus commode en voyage est la monnaie métallique,
dût-on payer le change au départ et au retour.

Que l'on suppute maintenant quel peut être le mouvement de capitaux privés pour une compagnie qui
offre tant de millions du privilège et de l'exploitation :
il lui faut au moins 15 millions de recette nette ! Le
gain de la banque n'étant que de 2 à 3 sur 36, suivant
qu'on admet un ou deux zéros, il faut multiplier 15 millions par 18 ou par 12 pour avoir la somme remuée
par le jeu seul, soit 180 à 270 millions.

En supposant la dépense de voyage et de séjour
triple, on a une autre somme de 540 à 710 millions ;
ce qui fait au total 720 à 980 millions d'espèces mises
en mouvement par le jeu et venant de l'étranger en
France chaque année.

Ces chiffres, tout énormes qu'ils paraissent, sont
cependant calculés sur un point de départ au-dessous
de la réalité, et même de la possibilité ; car il n'est pas
possible que la Compagnie fermière puisse se contenter
de 15 millions de recette nette : ce ne serait pas l'intérêt à 6 0/0 de son capital.

*
* *

Et nous ne parlons pas aujourd'hui du travail créé

par la Compagnie pour transformer en grandes villes des villes d'eaux qui ne vivent que deux mois par an.

Voyez d'ici Bade avant les jeux.

Voyez le même Bade après les jeux.

PARIS-JOURNAL.

LE JEU ET LES JEUX.

Un certain nombre de municipalités, parmi lesquelles celle d'Aix-les-Bains figure en première ligne, demandent aujourd'hui le rétablissement des jeux en France. L'énormité des charges que la défaite impose au pays; la nécessité et la difficulté de créer des impôts en harmonie avec ce fardeau écrasant de nos dettes et de nos ruines; l'émigration forcée du métal vers les caisses du vainqueur, contre les conséquences de laquelle il importe de réagir d'urgence par ce qu'on a appelé le drainage de l'or, tout concourt à mettre à l'ordre du jour l'abrogation de la loi du 18 juillet 1836, qui a aboli les jeux publics et la loterie.

Nous ne voulons pas examiner à cette place si, la convenance de revenir sur l'œuvre plus sentimentale que prévoyante du législateur de 1836 étant démontrée, il serait nécessaire d'abroger la loi qu'il a édictée, ou si la réserve contenue dans l'article 4 du décret du 24 juin 1806 concernant la même matière laisse encore aujourd'hui au gouvernement la faculté d'agir selon le conseil des circonstances et de sa raison. L'article en question réserve formellement au pouvoir exécutif « le droit de faire pour les lieux où il existe des eaux minérales, pendant la saison, et *pour la ville de Paris,* des règlements particuliers sur cette partie. » Il semble donc que l'on pourrait procéder soit simplement par application de l'article 4 du décret de 1806, soit législativement par abrogation de la loi de 1836, si la convenance du rétablissement des jeux était un fait acquis. Mais nous ne voulons pas discuter en ce moment la voie qu'il conviendrait de suivre si l'on se décide à réparer la faute de 1836. Cette question est secondaire, et voici le point principal du débat, le seul qui mérite vraiment de fixer notre attention : Oui ou non, l'institution des jeux publics est-elle favorable à la prospérité du pays? Oui ou non, est-elle contraire aux lois de la morale et de l'honneur?

*
* *

Je n'ai jamais vu deux avis sur la première question. Tout le monde tombe d'accord que les jeux sont une fontaine de prospérité pour les contrées que la loi leur permet d'arroser. Les statistiques les plus modérées évaluent à une moyenne de soixante millions par saison les sommes réalisées dans les six stations de bains ger

maniques où la roulette et le trente-et-quarante attirent
l'univers depuis trente-trois ans que la France, par un
bon mouvement de généreuse maladresse, a proscrit de
chez elle la Ferme des jeux. Trente-trois années à
soixante millions par an forment un total de deux milliards cent millions apportés à l'Allemagne par le flot
aurifère des touristes de toute nation, vrai Pactole in-
ternational dont les débordements l'ont fécondée
comme fait le Nil pour les campagnes égyptiennes.

Par quel chiffre se traduirait aujourd'hui pour la
France le bénéfice de la restauration des jeux, c'est ce
qu'il est difficile d'imaginer avec quelque précision. On
pourrait certainement compter sur un apport annuel
d'argent étranger supérieur à deux cents millions. De
1819 à 1837, la Restauration et la Royauté de Juillet retirèrent directement de la Ferme des jeux une somme de
138,316,381 francs 60 centimes. Quant aux bienfaits
répandus sur toutes les industries par cette émigration
des joueurs chez nous, comment les évaluer? J'ai toujours présente à l'esprit la légende des quinze cent
mille francs laissés par Blücher, en 1815, sur l'un des
tapis verts du Palais-Royal. N'était-ce pas là une reprise
de bonne guerre exercée par le vaincu sur un vainqueur insatiable? C'est la représentation, en miniature,
du fameux drainage qu'il nous faut opérer aujourd'hui
sur une large échelle si l'on veut reconstituer l'épargne
française.

J'ignore quel fermage pourrait être aujourd'hui proposé à l'État par l'entrepreneur auquel serait confié
le département des jeux, j'ai presque dit: le ministère.
Les commissionnaires de 1817, MM. de Chalabre,

avaient consenti un bail de cinq millions, ce qui n'empê-
cha pas ces prédécesseurs de M. Bénazet père de réaliser une belle fortune en quelques années; or, il est
incontestable que la redevance actuelle, s'il s'agit des
jeux de Paris, serait autrement sérieuse. La rapidité
des communications et l'habitude des voyages ont absolument métamorphosé les conditions de 1817. La fée
du progrès matériel les a touchées de sa baguette ma-
gique. Nous voyons dans les journaux que M. Émile
Dupressoir offre à la petite ville d'Aix-les-Bains un
contrat de vingt ans à cent cinquante mille francs par
an, plus dix mille francs pour le bureau de bienfaisance.
Il commencerait, en outre, par une avance de sept cent
mille francs destinée à liquider les dettes municipales,
de laquelle avance il se rembourserait en quatorze années, sans intérêt. Si telles sont les propositions faites
à Aix-les-Bains, où l'année utile est loin d'avoir douze
mois, comme à Paris, que n'offrirait pas, en propor-
tion, des jeux de Paris un entrepreneur intelligent
et magnifique?

Il faudrait pourtant, quels que puissent être les profits d'un pareil contrat et si dévorants que soient nos
besoins, repousser cette tentation si l'honneur en devait souffrir. Heureusement, par le rétablissement des
jeux, il n'y aura d'atteint que le préjugé, qu'il ne faut
pas plus confondre avec l'honnêteté que l'hypocrisie
avec la vertu et Tartufe avec un bon chrétien.

Je ne connais point, qu'il me soit permis de le dire,
de plus grand ennemi du jeu que celui qui écrit ces
lignes. En tant que le jeu reste dans les limites bour-
geoises de la partie de famille, nous le considérons

comme une des amusettes les plus niaises auxquelles
l'homme puisse perdre son temps. Lorsqu'il arrive aux
délires de la passion, le gagnant et le perdant nous
semblent presque également dignes de pitié. Il n'est
point, à nos yeux, de vice moins intéressant et de folie
plus inexcusable. Sur l'échelle des ivresses, celle-ci occupe le moins noble échelon. Feu Roqueplan, le paradoxe fait homme, était là-dessus de notre avis ; il arriva
même, un soir, jusqu'à fulminer devant nous cette
énormité, en manière d'arrêt : « Les tricheurs sont
seuls pardonnables de jouer. » C'est aller loin. Mais,
moins le jeu est intéressant à nos yeux, plus nous pensons qu'il est sain, juste et moral d'en revenir aux jeux
tributaires de l'État. L'impôt immoral, l'impôt dont le
fruit sent mauvais aux yeux du vrai sage, ne saurait
être celui qui grève la démence. Puisque l'homme est
condamné à jouer, comme à boire, à manger, à dire et
à faire des sottises, ce que peuvent faire de mieux le
législateur et le moraliste, c'est de capitonner de précautions la maison où le joueur exerce sa manie, et de
tirer le bien du mal en faisant concourir à la prospérité
publique, à la richesse et à l'embellissement de la cité,
à l'épanouissement de tous les arts l'aveugle qui se livre
aux abîmes du jeu.

***

Je me rappelle un mot sage et profond de ce mor-
dant esprit qui signait Timon ses pamphlets, et siégeait

9.

sous le nom de vicomte de Cormenin à la Chambre des
députés, sous Louis-Philippe. Lorsque ses collègues,
excités par les déclamations creuses de MM. de Salverte, Leyraud, la Rochefoucauld, Calmon, eurent
commis l'enfantillage de confondre le jeu et les jeux,
et d'abolir ceux-ci dans l'espoir de refréner celui-là,
quelqu'un dit à Timon : « Eh bien, moraliste, j'espère
que vous serez content de nous, cette fois ; nous avons
bien mérité de la morale, en chassant les joueurs du
temple de la patrie.

— Hélas ! répondit Timon, vous me faites l'effet de
gens qui se flatteraient d'avoir supprimé la pluie, parce
qu'ils ont interdit l'usage des gouttières.

*
* *

M. de Cormenin était prophète en ne partageant pas
l'illusion des réformateurs de 1836. On n'a jamais tant
joué que depuis l'abolition des maisons de jeu privilégiées. Seulement, les Cercles pour la bonne compagnie,
et les tripots clandestins pour le fretin, ont remplacé
la société officielle des jeux de France. L'étranger d'une
part, de l'autre les braconniers du tapis vert, ont seuls
profité. La morale ne gagna pas plus au bannissement
des jeux que la religion n'avait gagné, sous Louis XIV,
à la révocation de l'édit de Nantes. Celui-ci avait fait
sortir du royaume quantité de travailleurs protestants
qui s'en allèrent porter leur industrie en Hollande, en

Prusse, en Angleterre. De même quand la roulette s'expatria, la France en fut plus pauvre, mais non pas plus vertueuse.

Les Prussiens ont assez gagné au jeu de la guerre pour s'offrir le luxe d'un peu plus d'hypocrisie qu'avant la victoire. Ils prétendent qu'à leur tour ils veulent étrangler à Bade, à Ems, à Hombourg et à Wiesbaden la bonne poule aux œufs d'or qui, depuis le 1ᵉʳ janvier 1837, chassée de chez nous, pondait pour eux; laissons-les d' et laissons-les faire, si tant est qu'ils se décident à passer de la parole à l'action, ce dont je ne suis pas autrement convaincu. Pour nous, sachons profiter des leçons de l'expérience pour réparer sans fausse honte les maux de la défaite. La pluie est d'institution céleste, et il n'est pas en notre pouvoir de l'empêcher de tomber; organisons des gouttières pour la recevoir et apprenons à en tirer le meilleur parti possible. C'est là la sagesse relative, la seule qui ait son domaine dans notre monde plus qu'imparfait. Les meilleurs d'entre nous sont encore d'affreux pécheurs; l'intérêt de l'État ne doit pas craindre de pêcher dans l'eau trouble des fièvres particulières.

Un autre jour, nous aborderons le chapitre des questions incidentes, nous traiterons des voies et moyens, et nous dirons dans quelles conditions il nous semble que la Ferme des jeux doit revivre. L'avantage matériel est indiscutable. L'inconvénient moral réside dans l'imagination. Voilà, pour nous, le double point d'où la solution rationnelle découle naturellement. L'État qui a le monopole de la vente des cartes et qui n'hésite pas à en encaisser le profit, pourquoi rougiraitil plutôt de bénéficier de leur usage et d'en diminuer les périls par la reconstitution des jeux?

H. DE PÈNE.

PARIS-JOURNAL.

Ainsi qu'il est démontré dans l'article précédent, l'erreur des réformateurs de 1836 a consisté à croire qu'ils supprimeraient la cause en frappant l'effet. Ils ont supprimé *les jeux*, et ils se sont flattés de débarrasser la société de la plaie *du jeu*. La plaie s'est élargie, au contraire, la gangrène s'y est mise, sous forme de tripots exploités par les grecs, voilà ce que l'expérience démontre. On a agi comme un médecin qui, sous prétexte de préserver l'humanité de la petite vérole, abolirait, au contraire, la vaccine, qui en diminue les effets pernicieux. Telle fut exactement l'erreur dont le poids pèse depuis trente-six ans sur la prospérité française, et sur laquelle les circonstances commandent aujourd'hui impérieusement de revenir.

Quant à la possibilité d'extirper le jeu des sociétés humaines, laissez-moi vous raconter aujourd'hui deux anecdotes probantes, de l'une desquelles celui qui écrit ces lignes se trouva le témoin avec bien d'autres passagers, à bord d'un steamer allemand qui faisait le service entre Hambourg et New-York.

***

En 1863, à Genève, quand le conseil d'État ordonna la suppression du Cercle des Étrangers, où le jeu était très-loyal, très-surveillé, et où les choses se passaient entre gens d'un certain monde, la ville possédait en outre deux ou trois petits tripots hantés par des grecs faméliques, qui, jusque-là, n'avaient jamais pu se voler mutuellement que quelques rares pièces de cent sous. Corsaire contre corsaire, ce n'était dangereux pour personne.

Or, il arriva que du jour où le Cercle honorable fut fermé, une partie des riches oisifs, ne sachant plus que faire, coururent porter leur argent dans ces misérables coupe-gorge, que la police ignorait ou dédaignait, et enrichirent ainsi des filous qui, sans cette suppression intempestive, fussent peut-être morts de faim devant leurs tables désertes.

D'autres gentlemen, plus prudents et moins prompts à s'encanailler, se réunirent; et craignant, nous ne savons pourquoi, qu'on ne les empêchât de jouer à l'hôtel, firent venir une roulette de Strasbourg, achetèrent un petit yacht de plaisance, et s'en allèrent jouer au milieu du lac.

***

Il y a deux ans, sur un des vapeurs allemands qui font le service entre Hambourg et New-York, les pas-

sagers de la première classe voulurent organiser une
partie quelconque, pour charmer, comme l'on dit, les
ennuis de la traversée.

L'un des passagers avait quelques jeux de whist dans
sa malle, et pendant deux jours ces pauvres cartes ne
firent que passer d'une main dans l'autre.

Le plus malheureux d'entre les joueurs, un banquier
de New-York quinze fois millionnaire, perdait le sur-
lendemain une dizaine de louis tout au plus.

Les jeux une fois défraîchis furent jetés à la mer, et
on en demanda d'autres au garçon de cabine, qui répondit que, par ordre supérieur, il n'y avait pas de
cartes à bord.

Grand émoi parmi les joueurs; l'un d'eux se détacha
pour aller porter sa réclamation au capitaine, qui fut
inflexible :

— Je n'autorise pas mon maître d'hôtel à fournir
des cartes aux passagers, monsieur; s'ils tiennent à se
ruiner, qu'ils en apportent; je m'en lave les mains.

— Mais, commandant, voilà quarante-huit heures
que nous jouons au whist, et l'un de nous a perdu à
peine quelques louis!...

— Qu'importe! c'est la règle de mon bord.

Il fallut subir cette loi cruelle; mais le soir même,
remarquant qu'on affichait tous les jours à midi le
nombre de *milles* parcourus par le navire dans les
vingt-quatre heures précédentes, les passagers, piqués
au jeu, engagèrent de grosses sommes sur la production du trajet du lendemain. Ce ne fut plus une innocente partie de whist à quatre personnages qui se fit à
bord de la *Germania*, ce fut un combat sans trêve,

auquel prirent part non-seulement les passagers des premières classes, mais encore ceux des secondes, des officiers du bord, et jusqu'à d'infimes employés des cabines et du restaurant.

Un beau matin, le second capitaine, qui était de quart, découvrit, en même temps que Terre-Neuve, le fond de son escarcelle et le dernier dollar de ses économies de six mois; un banquier de la Nouvelle-Orléans, que nous pourrions nommer, gagna le même jour une poule de cent vingt-cinq mille francs. Ce fut un roulement de fonds indescriptible. Le capitaine s'en émut, et supprima l'affiche. Alors, on s'avisa d'autre chose.

Il y a, comme partout, dans les eaux de New-York, une série de bateaux appartenant à la compagnie des pilotes, destinés à montrer la route aux navires qui veulent entrer dans le port. Ces bateaux sont marqués sur leur voile d'un numéro qui varie de 1 à 24; ils vont un peu à l'aventure au-devant des bâtiments qui arrivent, et s'emparent, pour le diriger, du premier qu'ils rencontrent.

Or, les passagers et l'équipage de la *Germania* s'avisèrent d'organiser une loterie générale et des paris particuliers sur le numéro du premier pilote qui aborderait le navire. En vingt-quatre heures des sommes énormes furent engagées. Il nous souvient que le seul n° 13 fut acheté huit mille francs par le comptable, et que les six derniers furent couverts de plus de deux cent mille francs par trois joueurs qui, peu de jours auparavant, se contentaient d'une partie de whist à dix sous la fiche.

Cette joute monstrueuse désorganisa tous les budgets particuliers du bord, et après deux ans il n'est pas un seul passager de la *Germania* qui ne se rappelle le scandale auquel elle donna lieu.

J. E.

LE BIEN PUBLIC.

Qui donc a jamais prétendu que ces bons Allemands nous en voulaient? Il n'en est rien, et, quand nous marchons dans les sentiers de la vertu, ils sont les premiers à nous approuver. Les journaux allemands, la *Gazette de Cologne*, la *Gazette de Carlsruhe*, le *Journal de Francfort*, la *Gazette du pays badois*, le *Mercure de Souabe*, sont pleins de paroles de félicitation et d'encouragement à notre adresse. Il y a de quoi, véritablement. Ils sont persuadés que notre ferme intention est de continuer à enrichir à nos dépens les villes d'eaux d'Allemagne et de renoncer bénévolement, comme par le passé, aux millions que le jeu rapporte aux pays d'outre-Rhin. Ils nous remercient de notre bonté, qui pourrait s'appeler d'un autre nom.

Peut-être seulement nous remercient-ils un peu trop tôt. On croit aisément ce que l'on espère, je le sais, mais en cette circonstance, nos voisins ont pris trop vite, je crois, leur désir pour des réalités. Il est plus que douteux qu'une Chambre française, quand la question se posera devant l'Assemblée, prive l'État des quinze millions que pourrait rapporter la Ferme des jeux, prive le pays des centaines de millions que le rétablissement des jeux en France jetterait dans la circulation.

LA GAZETTE DE PARIS.

LES IMPOTS ET LA QUESTION DES JEUX.

Mon Dieu! oui. Une question sérieuse, et très-sérieuse. Il ne s'agit de rien moins que de trouver à la France de l'argent sans bourse délier et sans inquiéter les contribuables.

Et par quel procédé?

Le procédé est d'une simplicité admirable. Il suffit tout uniment d'abroger une loi dont le principe est ouvertement violé tous les jours : de reconnaître que les législateurs de 1836 ont commis une faute impardonnable en décrétant la suppression des jeux publics en France, et de provoquer en conséquence le rétablissement de ces jeux, dans des conditions régulières, bien entendu, dont la première sera la surveillance de l'État.

Un ancien député s'est occupé de la question, et il n'a pas eu de peine à faire ressortir les avantages de la solution que nous indiquons.

Il dit excellemment que si l'opinion publique a de grandes faiblesses, elle a aussi d'énergiques réactions. Quand elle se prononça, il y a trente-six ans, contre les jeux autorisés, elle sacrifia naïvement à une morale de convention qui s'inspirait de scènes romanesques portées au théâtre ou racontées dans les *Faits divers* des journaux. Ce n'étaient que récits de drames intimes, de morts violentes, de catastrophes dans lesquelles s'engloutissaient de grandes fortunes héréditaires ou de riches épargnes laborieusement conquises par le travail!

Et il n'y avait pas un mot de vrai.

On confondait alors avec intention les Fermes des jeux et des loteries; on montrait l'État spéculant sur les unes et les autres, et cherchant des revenus pour le Trésor jusque dans les larmes des familles. De poétiques indignations s'exhalaient des salons. On conviait le clergé lui-même à s'associer aux fausses pudeurs de la société et du gouvernement! On oubliait de dire que dans les pays les plus catholiques, à Rome même, la loterie officielle alimentait les ressources de l'administration, et que le gouvernement pontifical ne dédaignait pas de percevoir les recettes du *Lotto*...

Mais si trompée que fût, à cet égard, l'opinion publique, elle ne tarda pas, presque au lendemain des mesures prises par la Chambre de 1836, à regretter ses plaintes et ses réclamations. Le Trésor perdit en 1838 d'importantes ressources, et la morale n'y gagna rien.

C'est que rien n'était plus faux que toutes les hautes considérations si prétentieusement développées par les adversaires des jeux et des loteries. Le jeu est une passion semblable à toutes celles qui agitent l'homme; elle n'est ni plus immorale ni plus morale que les autres : chez elle comme chez les autres, l'immoralité commence où commence l'excès.

C'est pourquoi le jeu réglementé par l'autorité, surveillé par la police, n'avait pas plutôt disparu, que le jeu clandestin s'organisait dans de vastes proportions. Sur les ruines de la *Ferme des jeux* on vit, timidement d'abord, puis audacieusement, se fonder les *tripots*.

De même pour les loteries. L'État avait à peine cessé de spéculer, au profit du budget, sur la passion invincible des classes pauvres, que, mystérieusement, clandestinement, des loteries particulières se fondaient pour attirer à elles les ressources de nombreux fidèles de la religion du hasard.

Au lieu de guérir un mal incurable, on l'avait fait dégénérer en un vice occulte, susceptible de causer des désordres bien plus grands que ceux que la chronique s'était plu à constater.

Il y a pour la France un intérêt capital à hériter aujourd'hui des villes d'eaux d'Allemagne, de même que les villes d'eaux d'Allemagne ont hérité de nous le jour où nos députés ont été saisis d'un malencontreux accès de puritanisme.

Il suffit d'avoir séjourné une heure à Bade, à Hombourg ou à Ems, et d'avoir échangé quelques mots avec les habitants, pour se faire une idée de la source de profits incalculables que vivifie sans cesse la présence des jeux dans leurs localités. Les hôtels regorgent de monde; les joueurs heureux, sans cesse sollicités par les luxueux étalages des marchands, font des emplettes nombreuses; l'or coule à flots, car les mains sont faciles; et on peut dire, sans être taxé d'exagération, qu'une bonne partie du superflu de l'Europe vient se déverser sur ces contrées privilégiées.

Il faut livrer à l'Allemagne la seule bataille, hélas!

qu'il nous soit loisible aujourd'hui de lui déclarer, — la bataille de l'argent.

Nous applaudirons à tous les efforts qui seront tentés dans ce sens; et c'est à ce titre que nous apprécierons chaudement toutes les pétitions qui seront présentées à l'Assemblée nationale pour le retour au jeu réglementé et au grand jour.

X. DE VILLARCEAUX.

LE CORSAIRE.

LES JEUX.

. . . .

. . . . ? . . .

. . . .

. . . .

Il faut chercher vite à remplir les caisses de l'Etat ; les fourgons prussiens attendent, et puisque la majorité a voulu qu'au lieu de plomb on donnât de l'or aux Allemands, il faut qu'elle se mette en mesure de remplir ses promesses.

Il faut trouver, sans charger le commerce, sans nuire au travail, sans ruiner l'industrie, le moyen de faire rentrer l'argent. Il faut frapper sur le luxe, sur le plaisir, sur les vices.

On avait parlé du rétablissement des jeux publics, et nous sommes étonnés de ne pas voir encore cette question, qui apporterait avec elle un impôt considérable, occuper nos législateurs.

*
* *

L'unique souci de nos représentants doit être d'équilibrer un budget grevé de charges énormes, et de trouver au plus tôt les ressources qui nous permettront de chasser l'Allemand de chez nous.

Pour atteindre ce but, la question du rétablissement des jeux est une de celles qui s'imposent d'elles-mêmes... Nous savons que les philanthropes vont protester au nom de la morale, au nom de la famille, etc., etc.

Choses creuses, avec lesquelles on trompe la logique et le bon sens, aux dépens du bien de tous, dans l'unique but de se donner un brevet d'homme de bien, de se draper dans un *petit manteau bleu.*

Nous voulons la liberté en tout, et si le jeu est un vice, nous trouvons tout naturel que le vicieux en souffre. Les jeux sont défendus en France, et jamais on n'a vu un si grand nombre de maisons de jeu, jamais des sommes aussi considérables n'ont été jetées sur le tapis des banques d'Allemagne.

Avec cette différence que les banques jouent honnêtement, que le jeu est réglementé, indiqué, tandis que dans les Cercles, les tables d'hôte, les tripots parisiens, on est sans cesse exposé aux cartes biseautées d'un grec... Et, — là surtout est l'intérêt français, — nous ne tirons de ces jeux clandestins aucun profit.

*
* *

Nous ne voulons aujourd'hui qu'envisager à grands traits la question, nous réservant d'y revenir, et plusieurs fois. Nous trouvons, nous, que le rétablissement des jeux publics en France, bien réglementé, est moral et patriotique... Abolis en 1836, nous nous servirons aujourd'hui des causes qui ont amené leur suppression pour en réclamer le rétablissement, nous prouverons que le but cherché par le législateur en 1836, loin d'être atteint, a été tout à fait contraire au résultat cherché. Vingt-huit années d'expérience permettent aujourd'hui de raisonner longuement sur les prophéties des adversaires des jeux.

*
* *

Disons d'abord le bien que faisaient aux théâtres, aux lettres et aux arts, les jeux de Paris, en dehors des étrangers qu'ils y attiraient constamment :

Secours aux pauvres...	200,000
Secours aux colons..	700,000
Encouragements aux entreprises littéraires, souscriptions, journaux, etc., etc.	120,000
Subventions aux théâtres, etc.	1,660,000
Dépenses d'établissements publics.	740,000
Secours aux prisons.	100,000
Police, gardes, surveillance, etc.	1,950,000

On voit quelle ressource était pour Paris cet impôt prélevé sur les plaisirs.

Reportons-nous à la discussion des Chambres du 7 mai 1836. Sur la pétition de M. Pichat, M. Salverte déclara : « On dit que si vous détruisez le jeu, vous ne détruirez pas les joueurs...

» Il est d'un gouvernement sage de lutter contre les

10

penchants mauvais, de les poursuivre, de les empêcher de se développer, et si on ne parvient pas à les détruire entièrement, d'en diminuer les conséquences. On dit qu'à défaut des maisons publiques, il s'élèvera des maisons de jeu clandestines. Mais nous avons une police, ayant à ses ordres des agents assez nombreux qui parviendront à détruire les maisons de jeu. »

Nous laissons le lecteur juge de l'argumentation. Les trois maisons de jeu supprimées à Paris..., il s'en est établi clandestinement plus de cinq cents le lendemain; aujourd'hui Paris seulement compte plus de quinze cents Cercles, tables d'hôtes, cafés et tripots où l'on joue, sans réglementation, sans surveillance, et surtout sans bénéfice pour l'État.

***

Et puis, disons la vérité, les impôts nouveaux qui portent sur certaines industries vont ruiner quelques petits industriels, et, ma foi, je m'intéresse plus au malheureux ruiné dans son travail qu'aux quelques extravagants qui se ruineront dans une maison de jeu.....

**

Dans la même séance, M. la Rochefoucauld-Liancourt disait encore, après avoir cité naïvement quelques faits divers :

« Ne regrettez donc pas d'avoir aboli la loterie, et en supprimant les jeux publics vous rendrez aux maisons de commerce ceux qui se ruinent dans les maisons de jeu. »

Il est bien évident que, pour être dans la vérité aujourd'hui, il faudrait dire absolument le contraire de ce que disait l'antique législateur, ainsi :

« Ne supprimez pas les jeux publics, vous empêcherez les tripots, vous pourrez toujours surveiller les banques réglementées par vous et rendre aux maisons de commerce ceux qui se ruinent dans les tripots et auxquels vous refusez l'entrée des maisons de jeu. »

* *
*

Le rapporteur avait vu plus juste ; il demandait seulement une réglementation nouvelle, et disait :

« Si les maisons de jeu surveillées par le gouvernement étaient fermées, il s'établirait immédiatement, et à l'insu de la police, des jeux clandestins dans des repaires où la fortune et la vie de ceux qui se laissent entraîner par cette funeste passion seraient constamment en péril. »

C'est dans l'intérêt de la sûreté publique et comme moyen de gouvernement que ces maisons de jeu, soumises à un régime sévère, doivent être maintenues. A l'appui de ces considérations, il invoquait les opinions émises à la Chambre par des hommes dont les sentiments étaient aussi généreux que leur parole était puissante : **Lainé, Manuel** et l'illustre **Casimir Périer,** n'ont pas hésité à proclamer que les jeux de hasard autorisés étaient un mal nécessaire.

Nous en avons la preuve aujourd'hui; tout ce que le rapporteur, M. Calmon, avait prévu s'est réalisé.

Les tripots se sont ouverts, les grecs sont venus, et les niais, les jeunes sont chaque nuit entraînés par des filles, grisés par des vins spéciaux, jetés en pâture aux filous et aux escrocs.

L'intérêt de la famille, de la morale, veut que le jeu soit libre, mais surveillé et dirigé... Et la destruction du tripot suivra immédiatement le rétablissement des jeux... Jamais un tripot ne s'est ouvert dans une ville de jeu d'Allemagne.

*
* *

La question capitale pour nous, c'est que nous avons besoin d'argent, que l'Allemagne revient sur sa détermination de supprimer les jeux, que nous ne pouvons plus, nous ne devons plus porter notre or à la Prusse... que si un jour nous devons passer la frontière, c'est non avec une sacoche, mais avec une giberne !...

Nous devons rétablir les jeux, qui ramèneront la prospérité, la fortune dans toutes les petites villes que la guerre a ruinées, que le printemps rend déjà vertes et fleuries, enfin prêtes à lutter avec Bade, Wiesbaden, Hombourg, etc. , et qui surtout jetteront chaque année dans les caisses de l'État de beaux millions en or, pour

notre dette énorme, et quelques subventions aux théâtres, aux arts enfin... prêts à sombrer après l'horrible
tempête que nous venons de traverser.

———

A la suite de ce qui précède, nous avons reçu une
avalanche de lettres; toutes nous demandent de soutenir le projet qui doit amener avec lui un impôt énorme,
une source nouvelle de richesse pour le pays, la vie
pour nos villes balnéaires réunies, et surtout la recon-
struction de petites villes d'art que la guerre a jetées en
bas.

Il y a bien cependant encore quelques puritains que
l'âge cloue dans le fauteuil à triple coussin, près de
l'âtre, que l'économie rend tristes, et qui tempêtent
contre le 113, le revoyant dans la vapeur que la bouillotte de tisane leur jette sous le nez... Pauvres vieux,
malgré leurs rancunes, ils sont cependant obligés d'a-
vouer, dans un article à fond de train contre les jeux :

« Mais, dit-on, pourquoi serions-nous plus vertueux
» que l'Allemagne ? Elle a Bade, Hombourg, Wiesba-
» den. Les kursaals et les casinos sont des gouffres où
» s'engloutit l'argent de l'étranger qui ressort en bonnes
» espèces monnayées pour les besoins du pays. Faisons
» donc la même chose en France.

» Et les capitalistes de proposer des traités vertigi-
» neux. De celui-ci; si vous lui donnez un privilége,
» vous recevrez cent millions comptant et cent millions

» par an pendant un certain nombre d'années : de cet
» autre, vous acquerrez cinq cents millions en un tour
» de main. »

Et c'est absolument la vérité.

***

On a dit que l'Allemagne semblait revenir sur sa décision de supprimer les jeux. Aujourd'hui un fait plus
péremptoire est accompli... Le Parlement prussien
vient, par un vote, de maintenir la loterie, que les moralistes, qui acceptent la Bourse, voulaient supprimer.

L'argument principal qui a décidé la majorité à con-
server la loterie roy 'e, en Prusse, c'est qu'elle rapporte 9 millions de thalers, c'est-à-dire 25 millions de
francs ; un beau denier, n'est-ce pas ?... qui me semble
bon à prendre dans un pays où tout est imposé. Car
rien ne nous assure que l'Assemblée n'établira pas
un jour un impôt sur les bouches, sur les yeux et sur
les oreilles...

***

Au cas où Paris, au nom de la morale toujours, ne
devrait pas avoir ses maisons de jeu, la France a toutes
ses villes d'eaux qui, moins puritaines, bombardent le
cabinet de M. Barthélemy Saint-Hilaire de leurs péti-

tions : Aix-les-Bains, Pierrefonds, Enghien, Saint-
Cloud, etc., etc.

Dans le rapport fait par le maire d'Aix au conseil
municipal nous lisons :

*
* *

«Dans ous ces établissements (les villes d'Alle-
» magne), les jeux sont concédés aux communes et ré-
» glementés.

» Les joueurs n'y sont exposés qu'aux chances du
» hasard : c'est la roue de fortune qui passe et qui leur
» plaît.

. . . .

» On joue chez nous, mais ces jeux sont clandestins ;
» c'est le baccarat, c'est l'écarté, jeux qui voient rouler
» sur le tapis des amas d'or, malheureusement impro-
» ductifs pour le commerce, et qui tombent le plus
» souvent dans la bourse des adroits et des compères :
» de sorte qu'à Aix, nous avons la douleur d'avoir l'exer-
» cice des jeux sans en avoir aucun bénéfice ; de là,
» point de fêtes, point de distractions, point de musi-
» que ; le valide fuit, le malade s'en va peu après, et
» chacun porte à l'étranger ses capitaux qu'il aurait
» dépensés sur un tapis autorisé.

» J'ose l'affirmer, j'ai vu et je connais un grand nom-
» bre de hauts personnages faire une telle différence
» entre le baccarat toléré et le trente-et-quarante dé-
» fendu à Aix, qu'ils vont annuellement en Allemagne,

» où les grands jeux ne peuvent avoir de compères ni
» être exploités par des fripons. »

*
* *

Et le rapport conclut :

« On le voit, le jeu est une passion avec laquelle il
» faut compter. Cette passion n'a pas échappé aux éco-
» nomistes politiques, qui se sont aperçus que, malgré
» les lois, on joue dans les cercles de Paris, comme dans
» les fêtes des plus grands personnages, et qui ont con-
» staté que toutes les fois qu'on le poursuit, il se dissi-
» mule, se cache, et qu'alors toutes les tricheries, toutes
» les ruses, toutes les fraudes se produisent impuné-
» ment, de sorte qu'ils donnent la préférence aux jeux
» loyaux, qui ne laissent place à aucune industrie cou-
» pable, et ne présentent jamais les vices ou les dan-
» gers des tripots.

» Notre demande des jeux publics en faveur de la
» commune, à titre de concession, est donc honnête et
» appuie sa légitimité sur des considérations exception-
» nelles. »

*
* *

Puis le rapporteur ajoute fort justement :

« Que les moralistes se rassurent : ils peuvent, à
» l'aide de renseignements précis, s'assurer que, dans

» cette même Allemagne, les milliards versés ne sont
» sortis que du superflu de la bourse des étrangers ri-
» ches, et que ce qu'ils appellent l'immoralité des jeux
» a détruit la misère sans altérer la moralité des habi-
» tants. »

Et cette affirmation est absolument vraie. Les jeux
établis en France n'entraîneront personne ; ils atté-
nueront au contraire le mal qui se propage, c'est-à-
dire l'exploitation des niais par les grecs et les escrocs.

*
* *

En même temps que les jeux rétablis donneront à la
France les millions dont nous avons si grand besoin,
ils pourront relever certaines villes pleines de souvenirs
historiques, que la guerre a détruites...

La charmante ville de Saint-Cloud, entre autres, qui
vient d'adresser à l'Assemblée une pétition dans laquelle nous lisons :

«Notre ville, incendiée par l'ennemi, présente, au-
» jourd'hui encore, un amas de ruines que leurs pro-
» priétaires sont dans l'impossibilité de relever.

» Leurs immeubles détruits constituaient, pour le
» plus grand nombre, presque leur unique ressource ; la
» faible part qui leur a été allouée sur l'indemnité de
» cent millions ne leur permet de rien entreprendre,
» et jamais Saint-Cloud ne sortira de l'abîme où il est

» plongé, si quelque chose ne lui vient efficacement en
» aide.

» Les soussignés savent que des demandes ont été
» adressées au gouvernement, qui, si elles étaient
» accueillies, rendraient à Saint-Cloud sa vie et son
» éclat d'autrefois, en même temps que les établisse-
» ments autorisés seraient pour le Trésor une source
» de revenus et un moyen d'alléger le fardeau si lourd
» que les circonstances font peser sur les contribua-
» bles. »

La question se place d'elle-même, pressante; le printemps vient, les touristes et les baigneurs cherchent
déjà sur la carte la ville où ils passeront la saison... Les
Allemands, dans la guerre qu'ils nous ont faite, se sont
rendus odieux, non-seulement aux Français, mais à
tous les peuples civilisés; les villes allemandes seront
délaissées cette année comme l'année dernière, et, si
les jeux étaient rétablis en France, Hombourg, Wiesbaden seraient déserts... La vie reviendrait chez nous
avec l'oubli — momentané — des grands malheurs qui
nous ont jetés si bas.

Les députés disputent trente millions au budget de
la guerre... Ne trouvez-vous pas qu'il serait adroit de
les pondre avec les jeux aux dépens de l'Allemagne,
payer avec cet or nos nouveaux canons... pour l'avenir?

ALEXIS BOUVIER.

LE CHRONIQUEUR.

CAUSERIE.

Vous connaissez le vieux proverbe des anciens : *Nascuntur poetæ, fiunt oratores* : « *On naît poëte, orateur on devient.* » — « Tous les hommes naissent joueurs » vous auraient-ils dit, s'il leur eût pris fantaisie de formuler en axiome le résultat de leurs observations au sujet des jeux. Voyez les enfants; à peine rampent-ils sur terre qu'ils se précipitent au jeu comme le canard se jette à l'eau au sortir de sa coquille. L'enfant grandit, ses organes se développent, voici l'homme! Ses tendances naturelles nous apparaîtront diversement modifiées par l'influence des milieux qui l'entourent; mais persuadez-vous bien que le levain originel fermentera toujours plus ou moins sous la peau de son sujet.

On n'est pas joueur seulement parce qu'on expose un peu d'argent sur le tapis vert de la bouillotte, du baccarat, de la roulette, du biribi, du pharaon, du trente-et-quarante. Les plus gros joueurs sont, le plus souvent, des gens toujours prêts à déblatérer, soit dans leur intimité, soit même du haut des tribunes parlementaires, contre d'assez innocents plaisirs, au fond, qu'il est aisé à une réglementation intelligente de rendre encore plus inoffensifs. « Moi, mes enfants, j'ai toujours

eu le jeu en horreur, et je remercie Dieu de m'en avoir
inspiré l'aversion. Dépouiller mes amis, fi donc! M'enrichir et vous faire riches au détriment de mes semblables qui ont aussi des enfants! Quelle énormité! »

Qui donc s'évertue de la sorte en ces tirades pru-
d'hommesques? Presque toujours un fin matois qui ne
joue pas, parce qu'il a peur de perdre, et que ne re-
tiendrait pas, je vous prie de le croire, la seule certitude de vous gagner.

Quelqu'un posa un jour, en ma présence, la question
que voici à son voisin :
« Jouez-vous, monsieur Bonnard ?
— Jouer! moi! jamais, s'il vous plaît!
— Monsieur aime mieux prêter à usure », fit observer madame de G..., une charmante petite vipère dangereuse comme le serpent noir.
Une réponse à peu près semblable à celle de
M. Bonnard me fut faite, il n'y a pas deux ans encore,
par M. le docteur F..., à propos d'une question presque identique. Le malheureux! il ne jouait pas au
trente-et-quarante, c'est vrai; ses *principes*, comme il
disait, étaient rebelles, à cet égard, à toute coupable
tolérance. Il est à regretter pour l'infortuné moraliste
qu'il n'ait pas *codifié* à son usage l'interdiction de jouer
trop constamment à la Bourse. Il y a perdu rapidement
une belle fortune qu'il avait mis plus de vingt ans à
réunir, grâce aux plus laborieux efforts.

De cet exemple, pas plus que de tous autres de même

espèce, trop nombreux pour qu'on les compte, je ne prétends rien conclure assurément contre l'existence des Bourses, sorte de marchés devenus indispensables pour le trafic et l'écoulement de la *denrée volante*. Les valeurs industrielles haussent ou baissent, c'est presque une nécessité de leur tempérament ; les plus robustes résistent mieux que les rachitiques à de très-grands écarts, mais il n'en existe aucune dont on puisse dire avec certitude qu'elle se portera le lendemain comme elle se portait la veille.

« Je vous vends mes actions ?

— Je les prends.

— Eh bien ! bonsoir, à demain ! »

Qui a gagné, qui a perdu ? Nous le saurons plus tard. Toujours est-il que nous avons joué, bien que l'enjeu ne soit qu'une différence dont le nom ne pourra s'écrire en chiffres qu'au marché suivant.

Bref, nous avons joué, n'est-ce pas, et c'est chose avouée, bien convenue ?

Parbleu ! comment la nier, puisque l'un de nous est appelé presque fatalement à perdre ou à gagner, à moins — circonstance qui se présente quelquefois — de nous retrouver l'un et l'autre au point du départ, après avoir vous et moi suivi de l'œil les oscillations de la bascule avec des figures qui nous faisaient prendre alternativement pour *Jean qui pleure*, ou pour *Jean qui rit*.

J'y reviens une dernière fois : nous avons joué à la Bourse... et personne ne nous l'a défendu, pas même le gouvernement, qui, tout en refusant à nos pratiques

un certificat de moralité capable de les servir en justice, les autorise en réalité, puisqu'il les tolère. N'est-ce
pas reconnaître implicitement que, le jour où une loi
de l'État interdirait les jeux de Bourse d'une manière
absolue, radicale, la place étant devenue vide, toute
grande entreprise aurait vécu? Si donc l'État, auquel
nul de nous ne conteste assurément le droit et le devoir
de nous rendre, lorsqu'il le peut, et plus sages et meilleurs, a toujours agi dans l'espèce comme contraint par
l'évidence de jeter sa langue aux chiens et ses ordon-
nances au panier, c'est apparemment parce que la
somme du bien produit par les jeux de Bourse lui a paru
l'emporter sur la somme des maux qu'ils occasionnent.
Ces maux sont pourtant réels et très-nombreux; vous
les connaissez, on les nomme : catastrophes person-
nelles, ruine des familles, altération des caractères,
goût dépravé et malsain pour les fortunes acquises sans
travail, excitation dangereuse pour les détenteurs des
fonds d'autrui, etc., car je n'en finirais point, si j'en-
treprenais d'énumérer toutes les pièces de cet arsenal
où les moralistes se fournissent d'arguments.

Gardez-vous cependant de croire que ces arguments
soient d'une trempe aussi solide qu'ils en ont l'air.
Exemples : le travail est, à coup sûr, une sainte et
bonne chose; je l'aime trop pour vous le déconseiller.
Mais il n'en est pas moins vrai que Dieu, notre auteur,
nous a trop profondément inoculé l'amour du bien-être
pour exiger que nous supprimions les tendances qui
nous y poussent et les moyens rapides d'y parvenir,

lorsque ces moyens ne sont pas manifestement déshonnêtes.

Or, les moyens rapides — je parle de ceux que l'honnêteté stricte ne désavoue pas — contiennent toujours plus ou moins cette incertitude aléatoire qui peut véritablement leur faire donner le nom de *jeu*. *La vie et la voie* sont courtes ; dépêchez-vous, ou bien vous n'arriverez pas.

Cicéron, dans son livre *De officiis,* pose un cas de conscience que je tiens à vous faire connaître ou à vous rappeler. Le voici, et je gagerais presque que, si vous le portiez au marché prochain, même en pleine Assemblée de Versailles, la solution fût identique et unanime dans les deux endroits.

Vous êtes armateur et marchand de blé. Les affaires ne vont pas ; cette céréale abonde sur vos côtes, et ailleurs aussi probablement, attendu qu'aucune demande ne se produit. Sur ces entrefaites, un de vos navires rentre au port, et le capitaine vous informe entre quatre yeux qu'une famine atroce désole là-bas, là-bas, bien loin, les malheureux habitants d'une grande île qui a vu périr toutes ses récoltes. A l'instant l'ordre est donné par vous à vos matelots et à vos esclaves de battre la campagne et d'y acheter à bas prix — c'était le cours — toutes les quantités de blé qu'ils trouveront en grange prêt à être livré, et d'en charger vos vaisseaux sans retard. La cargaison s'effectue en moins de deux jours et de deux nuits ; vous mettez à la voile, vous voilà parti.

Mais attendons. Juste au moment où vous preniez la mer, vous avez remarqué un mouvement inusité dans le port. La mèche est éventée ; un matelot ivre a livré votre secret, et tous les armateurs suivront demain le sillage de vos navires.

N'importe ! vous riez dans votre barbe ; car vous êtes sûr maintenant d'arriver premier, et de prendre à l'île tout son or, en échange de vos blés.

Ah ! mais pardon ! Est-ce honnête ce que vous faites-là? N'est-il pas plus loyal de prévenir les insulaires que, dans deux ou trois jours au plus tard, d'autres vaisseaux arriveront chargés de grains ; qu'il leur suffit de s'approvisionner pour ce court espace de temps; que le blé se livrera pour rien en quelque sorte dans un délai très-court, et que vous ne savez pas consentir à battre monnaie sur une erreur de cette espèce?

En d'autres termes, ne cesserez-vous pas d'être un honnête homme -- je suppose évidemment que vous tenez à l'être — dans l'hypothèse où vous encaisserez en toute hâte un bénéfice énorme que le hasard vous livre ? Et, de toutes parts, on me crie : Certainement non ! certainement non ! Le marchand est un joueur ; il a gagné, mais il pouvait perdre, et tout son blé pouvait au milieu d'une tempête aller engraisser les marsouins.

Donc, une fortune promptement acquise, voire même avec peu ou point de travail, toujours la bienvenue comme l'héritage d'un oncle d'Amérique, parce que de tous les accidents heureux qui nous arrivent, c'est probablement celui qui sourit le mieux à nos secrètes aspirations, n'a rien *en soi* de notoirement hostile aux préceptes de l'honnêteté.

Les opérations ou jeux de Bourse, a-t-on dit encore, sont la ruine des individus, des familles, etc. De tels malheurs sont fréquents, en effet, et je ne le nie point ; ils frappent surtout les imprudents, les audacieux, les niais, les téméraires, mais n'allez pas croire qu'ils soient une plaie exclusivement réservée aux pays et aux individus chez qui existe l'habitude de jouer sur les fonds publics. Des catastrophes identiques existent un peu partout, surtout depuis trente ans : car, pour rencontrer dans un pays des gens qui se ruinent et dépouillent leurs enfants qu'ils voulaient faire riches, il suffit qu'il y ait des gens plaçant mal leurs fonds, des gens qui bâtissent, qui achètent pour revendre, entreprennent des travaux sans notions suffisantes, sans argent et sans crédit. Jeux, tout cela ! Mais comme rien ne se perd ici bas, ainsi que l'atteste la sagesse des nations, il arrive que la ruine des uns devient la fortune des autres, et que le même monde nous apparaît à peu près également équilibré.

Je continue. On dit que le voisinage d'un établissement où se trafiquent les valeurs industrielles provoque les convoitises des consciences peu sûres d'elles-mêmes, et les entraîne sur la pente des infidélités. C'est vrai, encore ; mais, franchement, est-ce la seule vérité qui ressorte du voisinage des tentations, et me garantissez-vous que la vertu du premier caissier infi-

dèle ait fait naufrage afin de payer une différence
entre les mains de son agent ?

Tout bien pesé, Messieurs, je crois qu'en ce monde
tout n'est pas bien, tout n'est pas mal. Et c'est pour
vous amener à vous ranger à mon avis que j'ai pris la
liberté de causer un peu longuement avec vous sur les
opérations et jeux de Bourse, tels que les admet dans
tous les grands centres la tolérance des gouvernements.

Un mot encore sur la question du rétablissement des
jeux tels qu'ils existaient en France avant 1836.

Nous dirons à M. Thiers et aux députés : Reconnais-
sez-vous qu'on joue beaucoup plus dans toutes nos
villes? Oui, n'est-ce pas? Eh bien ! vous sentez-vous
de force à vous y opposer, et à ordonner par conséquent la fermeture de tous les Cercles?

— Non, sans contredit.

Alors, reprenez son épée à la loi de 1836, et, plaçant à la porte de ces établissements une loi nouvelle,
armée d'une simple tire-lire, qu'elle dise à *tous ceux*
qui entrent : « Messieurs, cela coûte tant, c'est pour la
France ! » A la fin de chaque année vous aurez des
millions qui payeront pour les *textiles,* et pour tous ces
projets avortés auxquels la Chambre a fait filer un si
mauvais coton.

Que si l'opinion publique, laquelle semble aujour-
d'hui se prononcer très-franchement pour le rétablis-

sement des jeux, n'obtenait pas dès le début ce qu'elle demande, il nous paraît hors de toute vraisemblance que le gouvernement de Versailles n'accorde pas des concessions provisoires à nos stations balnéaires. Il en est quelques-unes pour lesquelles ces concessions marqueront une ère de salut, en attendant l'heure de la prospérité qui ne sera pas lente à venir. Soyons sans inquiétude sur le résultat moral : tout s'y passera comme en Allemagne, dans nos stations thermales, où le bien-être et le bien s'entre-chérissent comme des frères siamois.

A. M. DE PIS.

CHAPITRE TROISIÈME.

LE SYNDICAT DES VILLES THERMALES DE FRANCE.

Pendant que la presse entière, comme on vient de le voir, rompait force lances en faveur du rétablissement des jeux en France, les Conseils municipaux de nos principales stations balnéaires se réunissaient, et, après s'être concertés, ils envoyaient à Paris et à Versailles des délégués munis de pleins pouvoirs.

Dès leur arrivée à Paris, ces délégués formèrent une chambre syndicale où furent représentées les villes d'Aix-les-Bains, de Vichy, de Bagnères-de-Bigorre, d'Enghien, de Pierrefonds-les-Bains, de Biarritz, etc.

Une fois régulièrement constitués, les délégués de ces compagnies rédigèrent et adressèrent à chaque membre de l'Assemblée nationale la circulaire suivante :

Monsieur le député,

Les soussignés, maires et délégués des diverses villes thermales de France, ayant reçu de leurs conseils mu-

nicipaux respectifs le mandat formel de demander le
retrait de la loi de 1836 et le retour à la législation du
24 juin 1806 sur les jeux publics, se sont réunis à Paris
en assemblée syndicale.

Ils ont pensé qu'avant de faire auprès de l'Assemblée
nationale une démarche officielle, il importait de vous
faire connaître les décisions de leurs conseils et les
considérations sur lesquelles ces décisions sont basées.

Ils vous prient en conséquence, et comme député du
département de ....., de vouloir bien vous réunir à vos
collègues des départements directement intéressés à
cette question, le ....., hôtel du Louvre, pour les
éclairer de vos lumières et les aider de vos conseils.

Dans l'attente que vous voudrez bien vous rendre à
cette réunion, les soussignés vous prient, monsieur le
député, d'agréer l'assurance de leur considération dis-
tinguée.

Les membres du syndicat, maires ou délégués des
communes d'Aix-les-Bains, de Vichy, de Ba-
gnères-de-Bigorre, de Pierrefonds-les-Bains.

Bon nombre de membres de l'Assemblée nationale
répondirent à cet appel. Cette première séance était
présidée par M. le docteur Davat, maire d'Aix-les-
Bains.

Après une longue et intéressante discussion sur les
avantages immenses qu'il y aurait pour la France dans
le rétablissement des jeux, — discussion à laquelle prit

une part très-active M. Mathieu, l'ancien député de la Corrèze et avocat de la Chambre syndicale des eaux minérales françaises, la réunion décida, à l'unanimité, que, pour obtenir le rétablissement des jeux, elle procéderait par voie de pétitionnement.

Dans ce but, furent rédigées trois circulaires qui résument avec une grande clarté la question pendante.

Voici ces trois circulaires :

ASSOCIATION GÉNÉRALE DES EAUX MINÉRALES, BAINS DE MER ET STATIONS D'HIVER DE FRANCE.

Les soussignés, régulièrement délégués par leurs communes respectives, se sont réunis à Paris dans le but de solliciter du gouvernement le rétablissement des jeux publics réglementés.

A cette occasion, ils se sont sérieusement préoccupés de toutes les questions qui intéressent ou peuvent intéresser les villes d'eaux, les bains de mer et les stations d'hiver. Ils ont reconnu qu'il était de la plus grande importance, pour l'étude et la solution de ces questions, que ces stations fussent représentées, d'une manière permanente, par un syndicat élu, chargé d'être l'interprète des intérêts de tous auprès du gouvernement, des administrations et du public.

Dans ce but, ils ont formé un syndicat provisoire, chargé de provoquer l'adhésion des villes, des communes et des particuliers directement ou indirectement intéressés à l'exploitation et au développement des stations balnéaires de France, et de préparer la solution des questions les plus immédiatement réalisables pour maintenir et accroître leur prospérité.

Les statuts de l'Association seront discutés et adoptés par l'assemblée générale des délégués des villes d'eaux, des bains de mer et des stations d'hiver, convoqués à cet effet par les soins du syndicat provisoire.

Fait à Paris, le 5 février 1872. Et ont signé :

MM. le docteur DAVAT, maire d'Aix-les-Bains, président;

ARCHAMBAULT, banquier à Paris, propriétaire des bains de Pierrefonds, délégué de cette ville, vice-président;

J. J. DUMORET, avocat, maire de Bagnères-de-Bigorre, vice-président;

Le docteur JAULERRY, maire de Biarritz;

A. BULOT, adjoint au maire et délégué de Vichy;

TOUZET, maire d'Enghien-les-Bains;

A. MOTTET, fermier des eaux de Marlioz, délégué du conseil municipal d'Aix-les-Bains,

NOEL, délégué du conseil municipal d'Arcachon;

GERMOND DE LAVIGNE, secrétaire du syndicat.

CIRCULAIRE.

ASSOCIATION GÉNÉRALE
DES
EAUX MINÉRALES DE FRANCE.

Paris, le 5 février 1872.

SYNDICAT.

A messieurs les propriétaires, concessionnaires et fermiers de sources et d'établissements d'eaux minérales et de bains de mer;

Les maires des villes stations d'hiver;

Les maires des villes et administrateurs des hospices possédant des établissements de bains;

Les médecins pratiquant auprès des établissements;

Les chimistes, géologues et ingénieurs spéciaux;

Les maires des communes, les propriétaires et industriels dont les intérêts sont unis à ceux des établissements de bains;

Les directeurs des jor   ux balnéaires.

Messieurs,

Réunis à Paris pour une question qui intéresse vivement la fortune des villes d'eaux, nous avons été conduits à reconnaître combien il est important que les eaux minérales françaises soient représentées d'une manière permanente auprès du gouvernement, auprès des administrations, des particuliers et de la presse.

Dans la situation présente, nous devons avoir plus que jamais à cœur de défendre, avec la confiance et l'autorité que donne l'association, les intérêts moraux, matériels et scientifiques de cette grande richesse du sol dont nous avons tous une part.

Cette violente et cruelle rupture avec une nation riche en eaux minérales et qui dépensait, pour attirer chez elle nos nationaux, tous les moyens d'une active publicité et toutes les séductions de ses banques de jeux, est pour nous un avertissement de ce que nous avons à faire.

Il ne suffit plus des efforts de chacun de nous pour le succès de ses intérêts propres, il faut aussi que nous poursuivions une œuvre de propagande dans laquelle nous sommes étroitement solidaires.

Notre devoir est, aujourd'hui, de prouver que nos ressources minérales doivent suffire à ceux qui recherchent la santé ; que ce n'est pas seulement le patriotisme, mais la raison et le bien-être qui doivent les retenir parmi nous. Il faut leur prouver que nos eaux sont aussi salutaires, que nos habitations sont plus confortables, nos sites plus souriants, nos distractions aussi séduisantes que celles qu'ils ont été chercher trop longtemps au delà de nos frontières.

Il faut que, nous conseillant mutuellement, sans lutte, sans rivalité, car il y a place chez nous pour tous, nous arrivions, par notre bonne entente, à attirer, à notre tour, les oisifs étrangers et à retenir des capitaux qui compenseront nos pertes et nous donneront de plus abondantes ressources pour l'œuvre de notre délivrance.

Pour cela, point d'efforts isolés, trop souvent infructueux ; des efforts communs.

Dans ce but, nous vous proposons de fonder une association générale des eaux minérales françaises, et d'appeler à faire partie de cette association tous ceux qui, dans leur propriété, dans leur profession ou par leurs travaux, sont intéressés à la fortune des stations balnéaires en France.

Nous nous sommes dès aujourd'hui constitués en syndicat provisoire pour organiser cette association et provoquer les adhésions de toutes les personnes qui voudront coopérer à l'œuvre que nous entreprenons.

Nous ne doutons pas, Messieurs, que nous ne recevions de vous cette adhésion et l'assurance que votre concours est acquis à cette œuvre de commune protection à laquelle nous engageons d'avance tout notre dévouement et toute notre activité.

Aussitôt que nous aurons pu réunir en assemblée générale vous ou vos représentants et que vos choix auront constitué un syndicat définitif, nous nous empresserons de lui remettre le soin de conduire vers un but profitable l'association que nous nous estimerons heureux d'avoir provoquée.

Veuillez bien, Messieurs, recevoir l'expression de nos sentiments les plus distingués.

Dᵣ DAVAT, ARCHAMBAULT, J. J. DUMORET,
Dᵣ JAULERRY, A. BULOT, TOUZET,
A. MOTTET, NOEL, GERMOND DE LAVIGNE.

Les adhésions sont reçues chez M. Archambault, vice-président du syndicat provisoire, rue de la Vrillière, 4, à Paris.

LE SYNDICAT DES VILLES THERMALES DE FRANCE A MM. LES MEMBRES
DE L'ASSEMBLÉE NATIONALE.

La question des jeux est à l'ordre du jour.

On s'en occupe sérieusement dans le public, on s'en occupe dans la presse, et l'on peut affirmer que le désir de leur rétablissement fait des progrès considérables.

Les Conseils municipaux d'Aix-les-Bains, de Vichy, de Pierrefonds-les-Bains, de Bagnères-de-Bigorre, de Biarritz, d'Arcachon, de Deauville, d'Enghien, d'Allevard, etc., ont étudié cette question délicate, soit au point de vue moral, soit au point de vue de l'utile, et ont exprimé leurs pensées par des délibérations motivées.

Tous ces Conseils ont constaté, en le déplorant, que la passion du jeu, supérieure à toutes les autres, est un penchant irréductible, inhérent à la nature humaine, et que cette passion, hélas! le législateur ne peut la faire disparaître par un trait de plume.

En 1836, et dans une intention à laquelle nous ne voulons qu'applaudir, la Chambre des députés, d'accord avec le gouvernement, quoique après une longue discussion, prohiba les jeux publics, en laissant à l'administration supérieure la faculté d'autoriser les loteries, les Cercles et les jeux qui s'y jouent, et crut, par cette double mesure, mettre un frein à la passion du jeu et en supprimer les conséquences.

Les résultats ont-ils répondu aux désirs des législateurs?

Hélas! non, et pour en être convaincu il suffit d'étudier sérieusement les faits; ils prouvent qu'en supprimant les jeux autorisés, la loi de 1836 n'a rien refréné; qu'au contraire, la morale a souffert de cette suppression, et que la France y a perdu des capitaux considérables.

En effet, dès le lendemain de la fermeture de nos jeux autorisés, les joueurs riches, dont on proscrivait les habitudes, sont allés en Allemagne, en Belgique, à Monaco, etc.

A l'aide de l'argent qu'ils y ont porté, les banquiers de jeux y ont entraîné la foule, et avec elle l'élite de notre population aristocratique, artistique et financière.

Tous ensemble ont dépensé et versé dans ces pays, au détriment de la France, des sommes considérables qui peuvent être chiffrées à plus de deux cents millions par an.

Ce capital, additionné par trente-cinq années, produit un chiffre de sept milliards.

Il a fait la fortune des provinces de Baden, de Nassau, de Hombourg, d'Aix-la-Chapelle, de Spa, de Monaco, etc.

Il serait resté en totalité ou en grande partie en France, si la France avait eu dans ses villes d'eaux des jeux publics réglementés comme ils le sont à l'étranger. C'est une vérité incontestable.

Si au moins la moralité y avait gagné quelque chose! mais c'est tout le contraire qui s'est produit.

Depuis la suppression des jeux publics, le nombre des tripots a augmenté d'une manière considérable. Rien que pour Paris, leur nombre s'élève à quatre ou cinq mille; et la police qui connaît leur existence, avoue son impuissance à les détruire.

Là se rencontrent toutes les classes de la société, gens de finance, avocats, médecins, professeurs, fils de famille attirés par l'appât du jeu et des femmes douteuses, en compagnie de grecs et de filous qui les conduisent à leur ruine.

D'un autre côté, les jeux de Bourse ont pris des proportions déplorables. Privés des jeux réglementés, les amateurs de l'aléa ont cherché et trouvé là le moyen de se satisfaire et y ont éprouvé des catastrophes d'autant plus terribles qu'ils ne sont pas forcés de mettre au jeu.

Enfin, dans les Cercles autorisés, on joue avec frénésie, également sur parole, c'est-à-dire dans les conditions les plus dangereuses, et tout le monde sait combien il s'y est consommé de ruines irréparables.

Si donc, loin d'avoir gagné quelque chose à la suppression des jeux, la moralité publique y a perdu, il est du devoir des législateurs de les rétablir dans le plus bref délai possible.

On ne saurait comprendre, en effet, que, par un puritanisme injustifiable et condamné par trente-cinq années d'expérience, l'Assemblée voulût perpétuer un état de choses qui entraîne la ruine certaine de nos précieuses stations balnéaires, prive l'État d'importantes ressources, et enrichit l'étranger à nos dépens.

Presque toutes nos stations d'eaux dépérissent faute

des éléments nécessaires à leur succès. Il leur faut, pour réussir, des conditions de confortable, de luxe même, de distractions et de plaisirs que les propriétaires et les communes ne peuvent leur procurer avec le produit de leur industrie. Les jeux seuls peuvent fournir des ressources assez considérables pour les placer dans les conditions nécessaires.

C'est ainsi que de simples villages d'Allemagne sont devenus des stations de premier ordre, populeuses, riches et florissantes, attirant un nombre de baigneurs qui, pour Baden seulement, ne s'élève pas à moins de soixante mille par saison.

Il est donc juste et patriotique d'accorder à nos établissements balnéaires les jeux publics, qu'ils réclament avec instance, et de leur rendre par ce moyen la prospérité qu'ils ont perdue, c'est-à-dire d'assurer leur existence.

Mais il est encore pour nous une nécessité d'un ordre plus élevé. La France, écrasée sous le poids de l'immense et odieuse indemnité de guerre qui lui a été imposée, ne peut, sans les plus graves dangers, envoyer en Prusse tout son métal, ou du moins, si elle l'y envoie, il faut qu'elle trouve le moyen de l'en faire revenir. C'est une sorte de drainage qu'elle est condamnée à opérer à son profit.

Or, le rétablissement des jeux en France est le moyen le plus simple, le plus facile et le plus prompt à réaliser.

Avec cette mesure salutaire, le mouvement et la vie renaissent dans notre cher et malheureux pays. Les étrangers qui nous ont fuis nous reviennent, nos compa-

triotes nous restent, et nous encaissons bon an mal an,
par mille canaux divers et sous toutes sortes de formes,
quatre ou cinq cents millions qui nous serviront à payer
notre effroyable dette. Et s'il restait un doute sur la certitude de nos appréciations, il suffit pour le faire disparaître de lire les journaux allemands et de voir ce qui
se passe en Prusse.

La presse et le public de ce pays comprennent si bien
l'avantage que la France peut retirer du rétablissement
des jeux, qu'ils demandent à grands cris leur maintien
chez eux, et que M. de Bismarck n'est pas éloigné de les
proroger en attendant qu'il les maintienne.

Chargés d'être auprès de vous les interprètes des
villes balnéaires d'Aix, de Pierrefonds-les-Bains, de
Vichy, de Bagnères-de-Bigorre, d'Arcachon, d'Allevard, de Biarritz, d'Enghien, de Deauville, etc., les
soussignés vous supplient, Messieurs, de vouloir bien
examiner, avec toute l'attention qu'elle mérite, leur demande de retrait ou de modification de la loi de 1836,
et de comprendre ces villes parmi les villes d'eaux où
les jeux publics sont autorisés.

Nous connaissons, Messieurs, votre amour pour la
France; nous savons que vous la voulez heureuse,
puissante, prospère, et nous espérons que vous ne sa-
crifierez pas à de vains préjugés l'un des plus puissants
moyens de lui rendre et d'assurer son bonheur et sa
prospérité si déplorablement compromis, et dont le
rétablissement vous est confié.

Paris, le 26 février 1872.

Pour le Conseil municipal de Vichy :

MM. Jardet, maire; Bulot, adjoint; Sandrier, Jaurand, Mercier, Henry, conseillers délégués.

Pour le Conseil municipal d'Aix-les-Bains :

Dr Davat, maire; Vidal, adjoint; Mottet, conseiller délégué.

Pour le Conseil municipal de Pierrefonds-les-Bains :

Archambault, délégué.

Pour le Conseil municipal de Biarritz :

Dr Jaulerry, délégué.

Pour le Conseil municipal de Bagnères-de-Bigorre :

J. J. Dumoret, maire, délégué.

Pour le Conseil municipal d'Arcachon :

Noel, conseiller délégué.

Pour le Conseil municipal d'Allevard :

Émery, maire.

Pour le Conseil municipal de Deauville :

Breney, maire.

Pour le Conseil municipal d'Enghien :

E. Touzé, maire.

Représentés par le Syndicat des villes d'eaux,
4, rue de la Vrillière, à Paris.

MM. Dʳ Davat, président; Archambault, vice-président; J. J. Dumoret, vice-président, Bulot, Noel, Mottet, Jaulerry, Touzé, membres; Germond de Lavigne, secrétaire.

Et maintenant, l'abrogation de la loi des 18-22 juillet 1836 aura-t-elle lieu?

L'Assemblée nationale votera-t-elle le rétablissement des jeux en France?

Pour nous, nous voudrions que cela ne fît pas un doute.

On joue aujourd'hui sous les yeux de l'autorité, dans les cinq parties du monde.... Veut-on, par exemple, savoir quel est le produit annuel de la ferme d'une maison de jeu de Hong-kong? — 189,000 dollars, soit 948,000 francs.

Outre que le jeu enrichira dans l'avenir la France entière en empêchant l'exportation de ses capitaux, il

contribuera, dans un délai assez rapproché, à payer
les sommes fabuleuses que nous devons à l'Allemagne,
et, logique irréfutable, il moralisera les joueurs en les
enlevant à l'atmosphère énervante et délétère des
tripots !

CHAPITRE QUATRIÈME.

LES BROCHURES.

Nous venons de citer la Presse parisienne et la Presse départementale, nous avons signalé l'inquiétude de la Presse allemande. Mais pendant que les journaux parlaient, dénonçaient les découvertes de la police et demandaient que l'autorité prît l'initiative d'une révision de la loi de 1836, des écrivains habiles, les uns humoristiques, les autres plus sérieux, s'emparaient de la question des Jeux, et en discutaient ardemment tous les termes, sans laisser un point à débattre, sans oublier un argument pour ou contre.

Le nombre des brochures parues dans ces derniers temps ne s'élève pas à moins de quinze environ.

Un conteur charmant a d'abord rappelé tous les incidents anecdotiques de la période des Jeux publics, depuis la fin du dernier siècle jusqu'en 1836. *Le Rétablissement des Jeux publics en France* (Charles Noblet, imprimeur) ne réfute pas seulement les assertions légendaires sur les catastrophes dont auraient été jadis le théâtre les maisons de Paris; il prouve encore que le danger fut nul dans ces maisons, comparé à celui qu'ont couru et que courent sans cesse dans les tripots et les Cercles les amateurs passionnés du jeu.

Les Jeux en France, par ***, et *Les Jeux en France, leur législation et leur moralité*, par Ch. Virmaître Ch. Schiller, imprimeur), contiennent, avec des faits et des souvenirs, des documents sérieux et des opinions d'hommes considérables.

Le Trente-et-Quarante et la Roulette, ou le rétablissement des Jeux publics en France, par G. de M*** (Alcan-Lévy, imprimeur), conclut hardiment, après une démonstration très-vive et des aperçus très-originaux, à l'adoption du seul remède dont la société reconnaît elle-même l'efficacité.

Ces œuvres parisiennes sont complétées par des études faites en province, et parmi lesquelles nous signalerons : *Les Jeux et leur rétablissement en France*, par Lucien de Rubempré (Lyon, imprimerie Vᵉ Chanoine); *Les Tripots en France* (Lyon, imprimerie Louis Perrin); *Lettres sur le rétablissement des jeux publics*, par M. V. C. Guy de la Motte (Nice, imprimerie Gauthier et Cⁱᵉ). Ce dernier ouvrage prouve que le sujet est fécond en observations profondes et qu'il peut tenter l'esprit le plus indépendant.

Et après la province, l'étranger, Genève particulièrement. L'imprimerie Vérésoff et Garrigues a édité la *Question des jeux, ou Lettre aux Chambres fédérales.*

Mais toutes ces publications se résument dans une brochure dont le caractère essentiellement original a vivement frappé. Un homme politique des plus autorisés, ancien député, a écrit sous le titre : « *Une question sérieuse* », les vrais documents de la question. Admettant l'hypothèse d'un examen par l'Assemblée de Versailles d'un projet de loi pour le rétablissement des jeux, il a formulé ce projet de loi en le faisant précéder d'une pétition à l'Assemblée, et d'un rapport parlementaire sur cette pétition. Il était impossible de faire quelque chose de plus net, de plus précis et de plus complet tout à la fois. Nous avons la conviction que cette brochure restera, parce que, quelle que soit l'opinion qu'on émette sur la question des jeux, il est indispensable de connaître tous les arguments présentés et développés par l'auteur anonyme d'*Une question sérieuse.*

Voici, au sujet de cette œuvre, comment s'exprime *la Patrie :*

« Nous avons lu avec beaucoup d'attention une bro-
» chure sous ce titre : *Une question sérieuse*, par un an-
» cien député, et avec cette épigraphe : « Il n'y a pires
» lois que celles qu'on transgresse aisément. » L'auteur
» de la brochure défend avec beaucoup de lucidité,

» avec une grande richesse d'arguments, la cause des
» jeux, réglementés bien entendu, et limités aux seules
» villes d'eaux. »

Le Constitutionnel dit que, « dans *Une question*
» *sérieuse,* l'auteur fait prendre à la question des Jeux
» la forme d'une thèse économique recommandée aux
» méditations des hommes d'État; il y intéresse la
» politique, l'économie, la finance et presque la raison
» d'État. »

La Savoie thermale déclare : que « *Une question sé-*
rieuse », par un ancien député, réunit en quelques
pages les arguments les plus solides et les preuves les
plus triomphantes en faveur de la restauration des Jeux
publics en France. Elle fait mieux. « Stratégiste aussi
habile que M. de Moltke, l'auteur manœuvre de telle
manière que son ennemi est entouré, fait prisonnier, et
qu'il ne lui reste qu'à déposer les armes.

» Cette brochure est non-seulement philosophique,
mais elle est aussi pratique. Elle contient une formule
de pétition qu'il serait désirable de voir adopter par
tous les conseils municipaux qui peuvent avoir quelque
raison de s'immiscer dans la question des jeux. Cette
formule est aussi complète que possible, et si les députés devaient résister aux considérations qu'elle présente, on pourrait dire que les bonnes raisons n'ont
jamais converti personne. »

Enfin, nous mentionnerons encore *la Question des*

jeux, par P. Coustans (imprimerie Clément), et deux opuscules en faveur de la restauration à Aix-les-Bains d'un Casino de jeux publics.

Donc l'opinion publique a été pleinement servie dans ses légitimes réclamations — quotidiennement, par la plume rapide, improvisatrice, du journaliste, et, lentement, par des études froidement méditées dues à des écrivains moralistes.

Il n'est pas de question qui ait été jamais mieux élucidée.

CONCLUSION.

Que dire maintenant?

Le sujet est épuisé! Ou le rétablissement des jeux sera résolu cette année en France, ou, différé encore une fois, il se verra sacrifié à l'indifférence ou au préjugé.

Si c'est l'indifférence, nous le déplorons amèrement. Une société n'a pas de malheur plus grand à éprouver que de compter dans son sein des indifférents au vice, — quand ce vice la dévore lentement, du sommet à la base.

Si c'est le préjugé, nous nous contentons de sourire. Le préjugé a fait son temps; l'honnête naïveté des législateurs de 1836 n'est plus qu'un ridicule, — et quand l'opinion publique parle comme elle a parlé, il y a pitié à écouter encore les idéologues d'il y a quarante ans.

Mais nous ne voulons croire ni à l'indifférence ni au préjugé.

Il y a en France des procédés gouvernementaux et

administratifs qui sont la mort de tous les progrès et de toutes les initiatives. C'est là que la question des jeux risquera peut-être de subir de longs échecs. Mais encore espérons-nous que les hommes du jour valent mieux que les institutions, et qu'ils se souviendront de l'apologue du malade qui se meurt et des médecins qui discutent....

Il ne faut pas attendre que la gangrène de la débauche ait gagné la nouvelle génération. — Il faut guérir la nôtre du mal qui la dévore — et ce serait arriver trop tard que de perdre encore une année en hésitations, en timidités, en hostilités raisonneuses!

Il y a, d'ailleurs, une mesure prudente à adopter :

Qu'on fasse l'essai des jeux publics dans un petit nombre de localités privilégiées, — et si le remède donné ainsi à petites doses réussit, l'application en deviendra générale.

C'est le dernier mot de l'opinion publique — c'est-à-dire du bon sens.

Ce volume n'est que la première partie d'un vaste travail, que nous poursuivrons.

Un second Recueil de recherches historiques, de travaux spéciaux, d'articles de journaux français et étrangers paraîtra donc prochainement.   (*Note de l'éditeur.*)

TABLE DES MATIÈRES.

CHAPITRE PREMIER.

CHAPITRE DEUXIÈME.

LA PRESSE FRANÇAISE ET ÉTRANGÈRE

CHAPITRE TROISIÈME.

LE SYNDICAT DES VILLES THERMALES DE FRANCE.

CHAPITRE QUATRIÈME.

LES BROCHURES.

www.ingramcontent.com/pod-product-compliance
Lightning Source LLC
Chambersburg PA
CBHW071534220526
45469CB00003B/780